常陸を歩く

篠原暮篤
SHINOHARA BOTOKU

幻冬舎MC

常陸を歩く

はじめに

茨城（常陸）には高い山はないけれど、山歩きを楽しめる低山は多い。また太平洋に面しているので海の幸に恵まれ、魚市場には遠く栃木や群馬からの来訪者もある。茨城は山ばかりではなく、海岸も面白かろうと思った。そこで、北の福島県境の勿来《なこそ》から、南の千葉の銚子港まで海岸線を歩いてみることにした。一度で歩き通す時間的な余裕はないので、交通機関を利用して何度かに分けて歩くことにした。海岸の風景ばかりではなく、人々の海辺の暮らしから何かしら感ずるものがあるのではないか。本書の第一章は「常陸の海岸を歩く」と題した、鉄道勿来駅から銚子漁港までの区間を歩いた記録である。

常陸の海岸をひたすら歩き通したら、これが思いのほか面白かったので、次に西に向かって茨城の県境を歩いて、常陸を一周してみることにした。茨城の県境は銚子からは利根川に沿っているが、古河で利根川を離れ、下館あたりから北東に進むと山の中となる。第二章は「常陸の県境を歩く」として、銚子から海岸歩きの出発点である勿来に至る県境を歩いた記録である。

前半は川岸を歩き、後半は低山の尾根筋を歩くことになり、海岸歩きとは違った面白さもあるだろうと、事前に地形図を見て計画を練ったのであった。

それからは少しずつ何回にも分けて、長い時間をかけて歩いて、茨城県を一周することができた。大変な思いもあったが簡単に言うと、県北の平潟から出発して銚子まで海岸を歩いて、更に銚子からは利根川に沿った県境を遡り、後半は低山の県境尾根を行き、勿来を経て平潟まで歩いたのである。


この『常陸を歩く』は、２００５年から２０２４年にかけて茨城県境をほぼ忠実にたどって一周した紀行文である。前日までに地図を見て計画して、当日は遅くても朝8時までには歩き始め、明るいうちに終着地点に到着することを原則にしたが、不覚にも日が暮れてしまったこともある。一日の歩行時間は4時間から8時間。歩行距離は平地と山岳地帯で異なり、15ｋｍから40ｋｍと歩くコースに依存して変化した。

名所旧跡に出会うことは最初から期待していなかったが、それでも各地の隠された歴史を知り、そこに住む人々の生活に触れながら、海旅、川旅、山旅を楽しむことができた。

これまでに茨城県を歩いて一周するような酔狂な人はいなかったのではないか、そして茨城の良さをアピールできる一助になれば、と考えて本にすることにした。

ここに簡単な自己紹介をする。

私は放射化学の研究者であり、長いこと実験室で試験管を振るような仕事をしてきた。簡単にわかりやすく言うと、放射化学とはキュリー夫人が研究していたようなテーマを、最新科学機器を用いて発展させている研究分野のことである。しかし2023年に完全退職して、現在は時々頼まれ仕事をするくらいなので毎日自由な時間を謳歌している。

もうすぐ終戦後十年が経とうという昭和の時代に水戸で生まれ、現在も水戸に在住する、いわゆる高齢者の範疇に入る旧人であるが、今でも山登りをして、フルマラソンを走り、自転車をこよなく愛するスポーツ愛好家であると自認している。運動ばかりでなく、退職を機に水戸芸術館でクラシックやジャズの音楽を鑑賞しているが、館長であった小澤征爾氏が指揮するベートーヴェンの交響曲を聴くことができなかったのは今でも心残りである。歩くことはまったく苦にならず、近いところならば自動車で行くよりも歩くほうが好きである。

閑話休題、可能なら2万5千分の1地形図を参照しながら、この『常陸を歩く』を読んでいただきたい。最近ではパソコンやスマホで国土地理院の地形図を見ることができる。そうすれば面白味も倍増するのではないかと考える。

目次

はじめに……2

第一章 常陸の海岸を歩く

1 勿来から磯原……14
2 高萩……18
3 鮎川……20
4 阿字ヶ浦……25
5 涸沼……27
6 大洋駅……33
7 荒野台……37
8 鹿島……39
コラム GPSについて……42
9 日川浜……43
10 銚子……48

第二章　常陸の県境を歩く

11　銚子から下総橋……54
12　潮来……57
13　下総滑河……61
14　取手……64
15　東武野田線愛宕駅……67
16　JR宇都宮線栗橋駅……71
17　古河……75
18　JR宇都宮線野木駅から水戸線小田林駅……79
19　真岡線久下田駅……83
コラム　尾根歩きの荷物……86
20　大手坂……88
21　大郷戸……91
22　茂木の峠……93
23　吹田集落……97
24　楞厳寺から上赤沢の峠……102

25 花香月山……105
26 道木橋……109
27 桧山そして片倉山……111
28 那珂川から猿久保……115
29 滝見谷……117
30 大沢上……119
31 鷲子山と烏帽子掛峠……122
32 尺丈山と新田山……125
33 境明神峠……128
34 石尊山……133
35 高戸山から花瓶山を越えて……136
36 八溝山……141
37 大神宮山（746・2m）……143
38 唐竹久保から大神宮山（397・2m）……148
39 久慈川……151
40 高久……157
41 石ケ久保……162

42 観音山……165
43 明神峠……170
44 三鈷室山……172
45 岡見……175
46 栄蔵室……179
47 四時川を渉る……181
48 定波……185
49 朝日山と定波のブナ林……187
50 四時川に沿って歩く……191
51 大丸山から旗立峠……195
52 揚枝方……199
53 古我湯から石倉……201
54 平潟港に到達……204

おわりに……212
謝辞……214

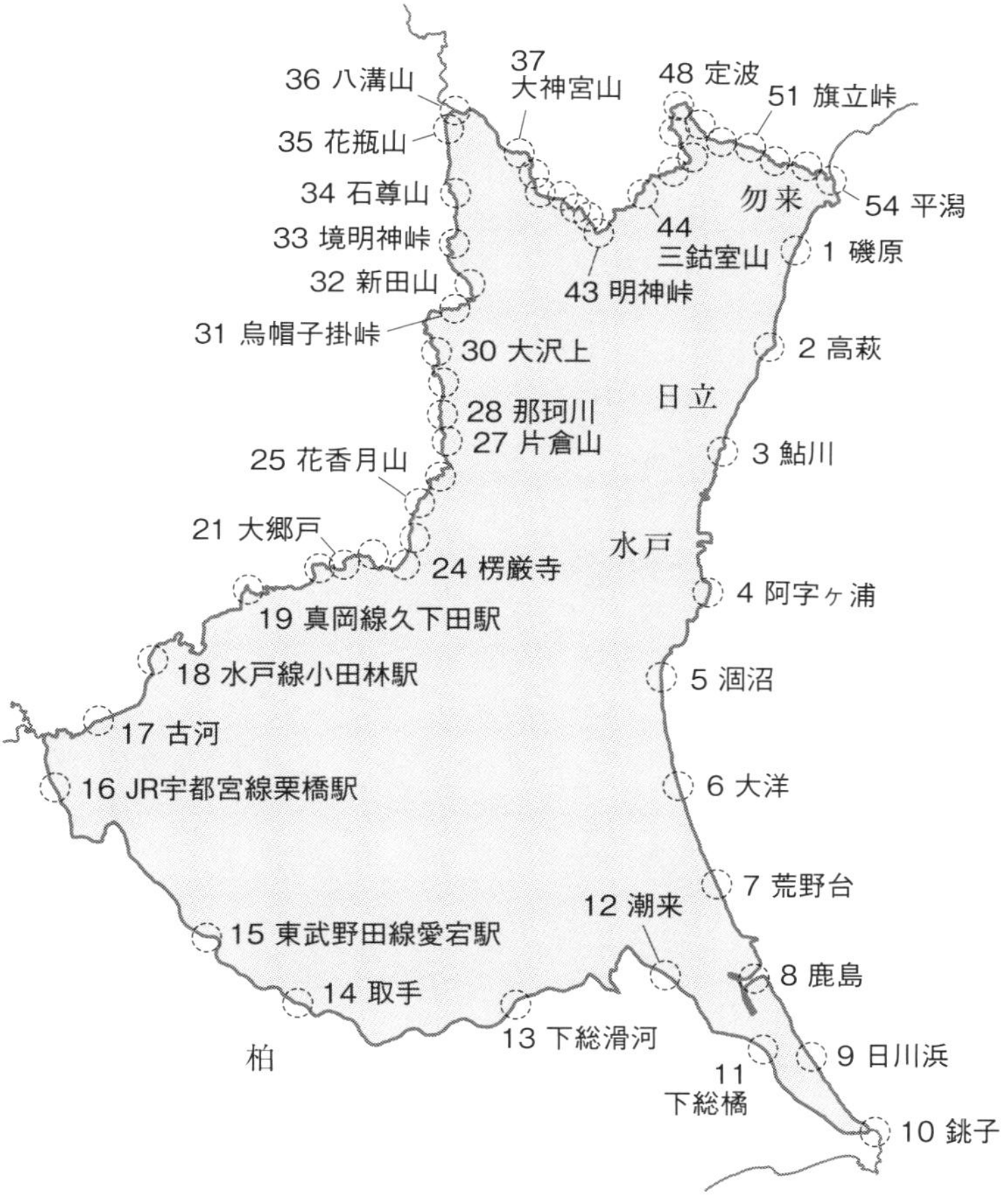
36 八溝山
37 大神宮山
48 定波
51 旗立峠
35 花瓶山
34 石尊山
勿来
54 平潟
33 境明神峠
44 三鈷室山
1 磯原
32 新田山
43 明神峠
31 烏帽子掛峠
30 大沢上
2 高萩
日立
28 那珂川
27 片倉山
3 鮎川
25 花香月山
21 大郷戸
水戸
24 楞厳寺
4 阿字ヶ浦
19 真岡線久下田駅
18 水戸線小田林駅
5 涸沼
17 古河
16 JR宇都宮線栗橋駅
6 大洋
7 荒野台
12 潮来
15 東武野田線愛宕駅
8 鹿島
14 取手
13 下総滑河
柏
9 日川浜
11 下総橋
10 銚子

	歩行経路	日付
第29回	猿久保 → 滝見谷	2018年 6月14日
第30回	滝見谷 → 大沢上	11月14日
第31回	大沢上 → 鷲子山・烏帽子掛峠	11月18日
第32回	烏帽子掛峠 → 尺丈山・新田山	11月28日
第33回	新田山 → 境明神峠	2019年 2月26日
第34回	境明神峠 → 石尊山 → 犬道沢	5月19日
第35回	左貫宿集落 → 関ノ田和 関ノ田和 → 花瓶山・那須町に至る県境峠	2021年 5月 9日 5月 5日
第36回	那須町に至る県境峠 → 八溝山	6月24日
第37回	八溝山 → 大神宮山（746.2m）	10月31日
第38回	唐竹久保 → 大神宮山（397.2m）	2022年 5月 4日
第39回	矢祭山駅・止屋場 → 久慈川	6月 5日
第40回	久慈川 → 高久	9月11日
第41回	高久 → 石ケ久保	10月28日
第42回	石ケ久保 → 観音山	11月 5日
第43回	観音山 → 明神峠	11月13日
第44回	明神峠 → エスケープ地点 エスケープ地点 → 三鈷室山	2023年 5月 1日 5月 3日
第45回	三鈷室山 → 岡見	5月28日
第46回	下君田の県境 → 栄蔵室	6月17日
第47回	亀谷地湿原 → 北茨城市関本町小川	6月25日
第48回	小川 → 定波	10月 7日
第49回	朝日山 → 定波のブナ林	10月19日
第50回	定波 → 四時川に沿って歩く	11月11日
第51回	大丸山 → 旗立峠	12月10日
第52回	平袖・旗立峠 → 揚枝方	2024年 4月28日
第53回	古我湯 → 石倉	5月10日
第54回	石倉 → 平潟港	5月19日

『常陸を歩く』歩行経路と日付

	歩行経路	日付
第１回	勿来 → 磯原	2005年 2月13日
第２回	磯原 → 高萩	2月27日
第３回	高萩 → 鮎川	3月13日
第４回	鮎川 → 阿字ヶ浦	3月21日
第５回	阿字ヶ浦 → 涸沼	4月23日
第６回	涸沼 → 大洋	6月12日
第７回	大洋 → 荒野台	7月31日
第８回	荒野台 → 鹿島	8月16日
第９回	鹿島 → 日川浜	10月16日
第10回	日川浜 → 銚子	12月10日
第11回	銚子 → 下総橘	2006年 5月3日
第12回	下総橘 → 潮来	7月30日
第13回	潮来 → 下総滑河	2007年 4月29日
第14回	下総滑河 → 取手	2008年 8月9日
第15回	取手 → 東武野田線愛宕駅	2010年 5月2日
第16回	愛宕駅 → JR宇都宮線栗橋駅	10月21日
第17回	栗橋駅 → 間々田駅	2014年12月7日
第18回	JR宇都宮線野木駅 → 水戸線小田林駅	2015年 2月11日
第19回	小田林駅 → 真岡線久下田駅	5月4日
第20回	久下田駅 → 大手坂	2016年 3月21日
第21回	大手坂 → 大郷戸	4月10日
第22回	大郷戸 → 茂木の峠	5月3日
第23回	茂木の峠 → 吹田集落	9月30日
第24回	楞厳寺 → 上赤沢の峠	12月5日
第25回	上赤沢の尾根 → 花香月山	12月24日
第26回	花香月山 → 道木橋	2017年 5月2日
第27回	道木橋 → 桧山・片倉山 片倉山 → 那珂川	2018年 4月13日 4月20日
第28回	那珂川 → 猿久保	4月29日

第一章

常陸の海岸を歩く

2005年に勿来から銚子までの区間を10日間で歩いた記録である。

1　勿来から磯原

新しい勿来駅舎から畑の中の細道を通って15分ほどで、穏やかな波が打ち寄せる早朝の勿来海岸の砂浜に出た。北のほうに火力発電所の煙突が見える。砂浜を南に向かって歩いていくと岬が海に突き出ているところで砂浜はなくなるので、海岸を歩くために一旦国道に出て再び海岸に出た。そこは勿来漁港で、漁を終えたのか漁船が数多く停泊し、防波堤には魚釣りの人がいる。「何が釣れるの」と聞くと、一言「何にも釣れねえ」という迷惑そうな、つれない返事である。

再び国道に出てから向かった鵜ノ子岬にも漁港がある。こちらのほうが大きくて民宿やら飲食店などが軒を連ねる。できるだけ海岸を歩きたいのだが、平潟町の九ノ崎は断崖で海辺を歩ける道はない。途中に現れた細道を、えいやっと登って近道をしたら墓地に出てしまった。そこを下っていくらも行かないで断崖の上から海岸が見えた。

ここには太平洋戦争末期に、アメリカ本土を直接爆撃するために旧日本軍が開発したという、和紙を蒟蒻《こんにゃく》糊で貼り付けて作った風船爆弾を飛ばした攻撃基地があった。日本国内の三ヶ所の基地から約九千個の風船爆弾が放たれ、そのうちの三百個ほどがアメリカに到達して民間人が犠牲になったという記録が残っている。ここには平和の碑が建っているのでこの事実を知ることができる。ここから望む穏やかな海を見ていると、そのような暗い歴史があったとはとても思えない。人間の愚行を知ってか知らずか、海はひねもすのたり〳〵とたゆたっている。

この高台から浜辺に下りてみたが、そこの砂浜もすぐに美術館が上のほうに建つ断崖が現れて行き止まりとなる。

五浦《いづら》海岸は、明治に日本近代美術の父である岡倉天心が日本美術院の本拠を移し、横山大観や下村観山らと作画活動を行った地である。茨城県天心記念五浦美術館への道は立派に舗装されていて、途中には日帰り温泉の「天心の湯」がある。五浦温泉街を過ぎると岡倉天心が絵筆をとったという六角堂に至る。拝観料200円を払って中に入った。「六角堂って、こんなに小さいの?」と言っている婦人がいた。まさにその通りの印象であった。

六角堂を出て坂道を登ると五浦岬公園になる。ここからは入り江越しに赤い屋根の六角堂が見える。環境庁（現・環境省）の「日本の音風景百選」に選ばれた「五浦海岸の波音」が聴こえてくる。その音は六角堂周辺の断崖と太平洋から打ち寄せる波とがぶつかる音で、時にはやさしく、時には激しく、その時々の自分の心を表しているように聴こえるという。

このあたり鮟鱇《あんこう》料理というのれんの下がる食堂が多い。私の子供の頃にはどこの魚屋でも茹でた鮟鱇の切り身を売っていた。庶民の魚で安かったが子供心には美味しい魚ではなかった。今では高級魚に出世している。昼時になっていたのでそんな食堂の一軒に入ることにしたら、人気のある店とみえて客が行列をつくっている。それほど空腹ではないので通り過ぎることにした。大津岬灯台では子供たちが遊んでいたが、その先にある場違いのような今風の児童公園には子供は一人もいなかった。

大津岬を大きく巡ると大津漁港だ。ここには観光客は誰もいない。時折、オートバイに乗った地元の人や法事帰りの喪服の集団が通るだけである。静まり返った魚市場の前には魚の干物を並べた露店が一軒、老婦人が椅子に腰掛けて暇そうに海を眺めていた。

国道6号線と並行するようにコンクリートの堤防が延びている。その内側は人が歩けるようになっている。そこは台風などによる高波を防ぐためのテトラポッドが並べられた防波堤である。今日歩いたところには、昔のモノクロ写真で見たような松林の先に広がる自然の砂浜からなる海岸はひとつもなかった。これは予想していたことであるが、残念な気分になったのも事実である。

どうしてこんな島が海岸にぽつんと残ってしまったのだろうと思わずにいられない二ツ島は磯原海岸の名所である。その先には野口雨情の生家（記念館）がある。その裏側を通り抜けると標高21・2mの天妃山《てんぴさん》に行き着く。地形図ではこれでもれっきとした山として認められている。こんなところで山登りができるとは思わなかった。
大北川の河口に沿って国道を行くと、本日の終点とした磯原駅である。いろいろなところの駅が新しくなった。この駅も東京近郊の駅舎のようで、歩く旅人には風情が感じられない。

（2005年2月13日）

2　高萩

茨城の海岸を北から南に歩く計画の二回目は、前回の続きとして磯原から出発した。この日も朝8時前には駅前から歩道橋を渡り、大北川を越えて民家をぬけるとすぐに砂州を形成する海岸に出た。北のほうに天妃山《てんぴさん》のこんもりとした森が見える。日差しからは春が近いことが感じられる。気温は低い。寄せては返す波が砕け散る音を聴き、波ぎわを歩いていて、打ち寄せられた貝殻とともに小さな鳥の足跡が砂に残る。波間に浮かんでいる海鳥もいる。このような砂浜が長く続いている。

中郷町の塩田川の河口に出た。渡れそうな川幅だが、迂回することにした。一旦国道6号線に出て、橋を渡って再び海岸に出てから砂浜歩きを続けた。海に浮かぶ黒い鳥のように見えるサーファーは、ひたすら大きな波が来るのを待っている。

高萩の海岸は急崖である。砂浜の海岸はここで岩場となる。岩には青海苔が張り付き、それが波に洗われて揺れている。行き止まると、そこに崖を行く道がつくられていて、登ると東屋に出た。ここからは「万葉の道」と称する散策コースが整備されている。断崖の上を歩くこのコースは、思いのほか楽しめる道である。途中足がすくむような海を見下ろす断崖に出た。水平線に大型貨物船を浮かべた太平洋が丸く青く広がる。

万葉の道が終わると高戸海岸に出る。誰もいない海の南側には道らしきものがあり、その入口には黒い自転車が停めてあった。高い崖の上から糸をたらして魚釣りをしている地元の人の自転車であることがあとでわかった。この道も万葉の道と同じように変化があって面白く、海岸ながら山歩きの雰囲気が味わえる。しかも超低山の三角点のある高戸山（36・2m）にも登ることができた。この山は地形図には名前はない。

高戸山を下ると工事中の高萩ビーチガーデンに出る。海岸を行くとすぐに関根川にぶつかるので、ここも迂回した。南に向かって砂浜が続いている。本日はここまでとして高萩駅に向かった。

今回は4時間ほどの海岸遊歩であった。いろいろと変化のあるお勧めウォーキング・コースだ。歩き終えたら、高萩駅前のひなびた庶民的な蕎麦屋でビールというのもお勧め。この店、昼時に行ったら意外にもほぼ満席で、地元では人気の店のようだ。あとで知ったのだが、映画の撮影舞台に使われたという。

（2005年2月27日）

３　鮎川

　高萩駅から東に向かって10分も歩くと海岸にでる。わずかに吹く風はつめたいが、早春の海は太陽からの光を受けてきらめき、打ち寄せる波の音は百年一日のごとく規則正しい。砂浜を歩くには、寄せた波が砂に吸い込まれて消えるあたりの、靴がぬれないくらいのぎりぎりのところを踏んでいくのがよい。

　波に洗われて丸く削られた貝殻を拾ってから目を上げると、残念ながら名前を知らない二十羽ほどの小さな海鳥が波と追いかけっこをしている。可愛らしい足をあわただしく動かして集団で動き回っている。よく観察してみると波が引いた直後の砂浜の上に残る虫のようなものを食べているようだ。虫をついばむのに夢中になって波がかかると驚いたように飛び上がる。それ以外は鳥のくせにひたすら早足で歩いていて、その姿はユーモラスだ。

　ここの砂浜の途中には、いぶき山イブキ樹叢《じゅそう》があり、明治30年頃までは鬱蒼としたイブキ林であった。今では金網フェンスに囲まれているこのいぶき山の丘の南側に３本、北側に６本の疎林を形成しているにすぎない。推定樹齢は４００年くらいという。車で着いたばかりのサーファーは、いぶき山の前でウェットスーツに着替えていた。

波と追いかけっこする鳥たち

伊師浜海岸は鵜の岬で終わる。断崖の上には国民宿舎の大きな建物があり、崖の上を巡る散策コースが造られている。「崖崩れ注意」と「立ち入り禁止」の看板がやたらに目に付く。あまりに多すぎる看板は興をそがれる。この散策コースを抜けると無心に鍬をふるう人がいる野菜畑になる。海風の影響で作物にはよくないだろうが、こういう海のそばにある景色のよいところでの野外作業は気分がよさそうにみえる。

畑から下っていくと小貝ヶ浜の海岸である。砂浜に下れるような道はなく、住宅街の自動車道を行く。天然記念物に指定された海鵜《うみう》の渡来地で海岸に出られた。二見岩が見え、その背景には日立の町にある工場煙突から煙が上がっている。小貝ヶ浜にも遊歩道があり、途中には波切不動尊や蚕養《こかい》神社がある。

十王川を渡り、川尻海岸に出る前に自動販売機で清涼飲料水を買う。ここには茨城では超有名なMコーヒーがあった。甘すぎる缶コーヒーではあるが、地元茨城では人気商品である。これも地元茨城では有名なHP「茨城王」では、

「コーヒーと言えばM、Mと言えばコーヒーです。（言い過ぎ）茨城と千葉にしか存在せず、別名「ちばらきコーヒー」などとも呼ばれています。（※注：厳密には栃木でも販売されていいます）茨城に生まれし者が、必ず最初に飲むコーヒー。それがMコーヒーなのです。（中略）Mは子供と大人を繋ぐ「かけ橋」と言っても過言ではありませんでした」

と紹介している。驚いたことに、自動販売機の隣にある籠には、Mコーヒーの空き缶が山となっていた。土産に一缶買って帰ろうかとも思ったが、家族には「何これ？」と言われるのがおちなので止めた。

川尻海岸から小木《おぎ》津浜を過ぎて、自動車の走る道を行く。再び海岸に出る。このあたりになると自然の海岸は少なくなり、コンクリートの護岸堤防やテトラポッドばかりが目に付くようになり、前回の高萩コースのように人に勧められないのは残念だ。海鵜が憩う小島がある。鵜は陸地を眺めながら人間の活動をどのように見ているのだろうか。

ＪＲ日立駅東側の海岸では国道のバイパス道路を造っていて、工事現場は通行止めになっている。隣のフェンスで囲まれた運動場からは子供たちが野球の試合をする歓声があがり、空き地では小学1年生くらいの女の子と男の子が野球の真似ごとをしていた。

鮎川を越えると日立電鉄の鮎川駅に至る。ここが本日の終点だ。日立電鉄はここ鮎川町と常陸太田を結ぶ私鉄である。今年の3月末をもって廃止されることになっている。駅には鉄道ファンが来ていて、盛んに写真を撮っている。赤い車輌も線路も古びていて、長年の雨風に耐えて乗客を運んだことがうかがえる。長いことご苦労様と言いたい気分になった。

（2005年3月13日）

日立電鉄の鮎川駅構内から

4 阿字ヶ浦

再び日立電鉄の鮎川駅に来た。国道を渡ると会社の保養施設がある。休止中でさびれたようにひっそりとしていて、不景気を反映しているようでどうにも侘しい。急崖のため海岸へ下る道が見つからないので車の交通量が多い国道沿いに歩いて、ようやく海岸に出られる広い坂道に行き着いた。河原子海岸である。海風を感じ、波の音を聴いて、やっと海岸に出られたことに安堵した。海は今日も光り輝いている。

水木海岸を過ぎて、灯台のある古房地公園は急崖の上にある。波による侵食を防ぐために置かれたテトラポッドが岬を囲んでいる。このテトラポッドの内側は歩くことができる。大きな岩が敷きつめられているのでとても歩きにくい。

ぐるりと灯台を見上げるように岬を巡ると久慈浜海岸になる。波と遊んでいる子供たちを見守る親は、どの人も笑顔である。海は万人の気分を和らげる作用があるようだ。前回紹介した茨城県民御用達のＭコーヒー缶が錆びて砂の上に捨てられていた。しばらく港湾と工場の中をそぞろ歩いていくと魚釣りをする人がいる公園となる。

久慈川を越えて原子力の東海村に入る。河口からは火力発電所の煙突と原子力発電所の建物が見える。ここからは原子力施設が続いていて立ち入り禁止の場所が多くなり、海岸を歩くことはできない。原子力研究所を過ぎて村松虚空蔵尊に立ち寄る。十三参りの男の子が親に連れられて来ている。緑青《ろくしょう》の屋根を持つ寺は静かである。

川幅の狭い新川沿いに海に向かう。鴨が川面に浮かんでいる。こちらを警戒しているようで、近づいていくとつっと逃げていくのであった。河口には工事中の柵がある。川べりを通って海岸に出られた。そこには最近になって造成された公園があることを知った。植えたばかりの樹木が海辺の公園風景として調和するためにはもう少し時間がかかるだろう。

その昔は米軍の射爆場であったここ常陸海浜地区は、海を埋め立ててそこを広い道路が走り、今では工場群となっている。このあたりまで来るとさすがに疲れてきたこともあり、湾岸工場の道では感動を覚えない。

阿字ヶ浦でやっと波打ち際に出られた。夏なら海水浴客で賑わう。今の季節は人も少ない。海岸を離れて坂道を登り、本日の終点である茨城交通湊線の阿字ヶ浦駅から一車輌だけの客車に乗る頃には、下弦の月がまだ明るい空に浮かんでいた。

（2005年3月21日）

5 涸沼

今日も私の山靴は砂浜を踏んで南へ向かっている。阿字ヶ浦港の防波堤にすわる釣り人にはどんな魚がかかるのか。釣り人はひねもす青く揺れる水面を見つめている。誰が書いたのだろうか、漁具を入れる小屋の扉には万葉集の和歌の落書きが一首。

磐城山直越え来ませ
磯崎の許奴美《こぬみ》の浜に
われ立ち待たむ

この和歌を俵万智風に現代語に訳してみた。

すぐにでも磐城山を越えて会いに来てね
私は磯崎こぬみの浜辺で
いつまでもあなたをお待ちしているのですから

万葉集巻十二　本来は「磯崎」

誰がどのような理由でこのような優雅なことを小屋の扉に書いたのだろうか。あたりには地元の人もいないので尋ねることもできない。万葉集に親しむ、風流な漁師がいるのだろうと想像した。

短歌集を出版している友人Kは、千五百年も前の人の詩（和歌）を、その原文のままで現代人が鑑賞できる国は世界では日本のみではないかと言う。なるほど〳〵と、私は知識を新たにしたのであった。

今日は干潮である。平磯の浜にはいつもより岩棚が広がり、たくさんの人々が集って何やら海草のようなものを採っている。沖に目を転ずると、太平洋の青い水平線が丸くゆがんでいる。

那珂湊の魚市場は今日も繁盛していて、大勢の買物客があふれている。貝や魚を焼く醤油の香ばしい匂いが流れている。

那珂川を赤い海門橋で渡る。河口から筑波の山を望む。那珂川河口からの大洗海岸は水族館から始まり、砂浜が続き、ところどころに大岩があり、それが波に洗われている。これまでこのように歩いたことがなかったが、ここは良い海岸である。

昼になり、大洗神社下の磯料理屋で昼食。那珂湊の魚市場で見かけた岩牡蠣を注文する。少し待ったけれど、この季節に生の牡蠣をレモン汁で食べる幸せを感ずる。あっという間に胃の中に消えていった。

小さな大洗灯台がある。北海道とを結ぶ沿岸フェリー埠頭がある。大洗漁港がある。いずれも典型的な港風景だ。ここにも漁具入れの小屋の壁に大きな文字が書いてある。阿字ヶ浦の和歌とは違い、ここは「立小便禁止」という無粋なもの。しかし漁船に書かれた手書き文字には人間味がある。

大洗マリンタワーを過ぎ、海水浴場は家族連れとサーファーの天国である。子供たちが波と戯れ、それを見守る人たち。これまでの海岸歩きでもたびたび見た光景である。この子供たちには今日のここでの体験が、ある心象として残ることは私の体験からも確かである。

私は茨城県をすべてカバーする紙の地形図を多数所有していて、山歩きやサイクリングに出かけたあとには日付とその踏破ルートを赤鉛筆で書き込んでいる。その古い地形図を見ると、ここが人工の砂浜であることがわかる。更に南に下っていくと、人もまばらになり、防波堤が出現してコンクリートの道になると人影が消えた。波はテトラポッドに当たって砕け散る。浸食を防ぐために、砂浜をコンクリートで固めているのだが、どこまで

5　涸沼

海辺の子供たち

も続く砂浜を期待して歩き始めた私には、何とも味気ない景色に見えてしまう。

本日の海岸線上の終点に到着する。ここから松林をぬけて小高い丘にでると、そこは夏の別荘地区となる。人の気配がなく、どの家もかたく門を閉ざしている。薩摩芋を植えるためだろうか、畑土を耕す人たちの横を通り、国道を横断して西に向かって疲れた足を運ぶ。ようやく最終地点の鹿島臨海鉄道の涸沼駅に着いた。水戸行きの電車が来るまで30分ほど待たなければならないようだ。

（2005年4月23日）

6　大洋駅

梅雨に入ったと思ったら、すぐに梅雨も一休みとなったので、今日は常陸の海岸歩きだ。家に帰ったら、今年一番の暑さだったとテレビのニュースで言っていた。本当に暑い日だった。

鹿島臨海鉄道は鹿島アントラーズのサッカー場を通る鉄道で有名だ。普段は乗客が少ないローカル線。そんな人影のない涸沼駅から歩き出した。まだ朝7時なのに日差しは強く、すぐに汗が吹き出した。黒いビニールで畝を覆った畑には、薩摩芋やじゃが芋や大根がすくすくと育っていて、どれも美味しそう。前回は黒土が目立っていたのに、今日は一面緑の畑になっている。

思いがけない暑さに茹だっている縞蛇くんを驚かしたりした。小一時間ほど畑の中を歩いて上釜の海岸に出た。海岸は浸食防止の護岸工事によってコンクリート堤となっていてがっかりしたが、滝浜の海岸からはずっと砂浜を歩くことができるのでご安心を。海辺には浜昼顔が一面に咲いていていた。誰も見向きもしないような、どこの海岸にもある花と書こうとしたが、人間様だけが注目しないのであって、蜂はせっせと浜昼顔の花蜜を集めていた。

サーフ天国だ。いくら気温は高くなったといっても、海水はまだ冷たいのに皆さん熱心だね。初心者のサーファーは浅瀬でサーフボードに乗る練習をしている。教える人も一所懸命。女性サーファーも背丈よりも長いボードを持って、海に向かっていった。私も一度くらいはやってみたいなと、またぞろ好奇心がわいた。あなたには他にやることがたくさんあるだろう、という天の声が聞こえてきた。はい、その通りで。仕事はもちろんのこと、山登りやマラソンのための練習などに時間を使っているのに、何にでも興味を持つのが悪い癖。サーフボードに乗っている暇はない。山スキーは才能がないのを自覚し、油絵の筆を折り、音楽では禁じられた遊びを目指したギター、娘が弾かなくなったピアノ、父が残した尺八、沖縄で手に入れた三線はものにならずに埃をかぶっている。子供の頃に夢中になった魚釣りもやってみたいが、再びのめり込みそうで釣竿は手にしないようにしている。

今日歩いた海岸は遠浅になっているからなのか、波が寄せ、波が引いても海水は砂に吸い込まれず、砂浜が濡れたようになっている。斜めから見ると鏡のようになり、人影が砂浜に映る。更に靄がかかっているので、幻想的な景色だ。波の音というのは、音としてはうるさいと思うが、うるさいと思わないのはどういうわけか。海から生まれた生物には、波の音に郷愁を感じるからだろうか。それとも寄せては返す、あのリズムがここちよいのだろうか。

6　大洋駅

海辺のメニュー

大竹海岸は良質の海水浴場として知られている。しかし今の季節は寂しい。夏には大音響で流行の歌を流すのであろうスピーカーも今日は無言だ。海の家も戸が閉まっている。コンクリートの壁に書かれたメニューを見ても注文することはできない。

鹿島臨海鉄道の大洋駅まで歩いて、今日も予定通り歩き通すことができた。常陸の海岸歩きも今回で6回目。目的地の銚子まで残り3回であろうと踏んでいる。だんだん暑くなってきて、次回からは登山靴はやめて裸足で海岸を歩くことにしようかなと思っているところだ。

（2005年6月12日）

7 荒野台《こうやだい》

荒地《あらじ》の海岸に出たら霧が発生していた。今日はサーファーばかりでなく、家族連れの海水浴客も多い。靴を脱いで裸足で海岸線の砂浜を歩くことにした。この前裸足で歩いたのはいつの頃だろうか。もしかするとはるか遠い昔のことかもしれない。今回の常陸の海岸歩きは、大洋駅から海岸に出て、幾つかの海水浴場を通って荒野まで歩き、荒野台駅がゴール。最終的な歩行時間は4時間、距離は19ｋｍだったが、霧のため涼しく歩くことができた。

どの海水浴場もにぎやかだ。これまでの海岸歩きのような寂しい風景はない。子供たちは波と遊び、砂を玩具としている。砂をかけられて泣いている男の子。大人たちはバーベキューの準備に忙しい。ぐっすり寝込んでいる水着の美女もいる。この世界は、平和だ。しかし砂浜には50ｃｍほどの鮫が死んでいた。あの鮫独特の冷たい眼のまま、横たわっていた。また、1ｍはある、大きな海亀が蹲《うずくま》っている。甲羅の高さが50ｃｍはあるだろう。じっとしているように見えるが、まったく動かない。大きな甲羅の中で亀は死んでいた。かわいそうな姿だった。写真は撮れなかった。

霧が出ていて涼しいと書いたが、さすがに昼過ぎると暑くなってきた。シャツは汗で濡れている。ようやく海岸の最終地点に着いた。ビールが飲みたい。国道に出ると焼き蛤を名物とする食堂があったので迷わず飛び込んで生ビールを注文した。ビールも美味しかったけれど、目の前で焼いて食べる蛤も絶品。しかし勝手だね、鮫や亀の死に無常を思った者が、こうして生きた蛤を焼いて食べているのだから。

荒野台駅への途上、小学校の校庭に薪を背負って本を読んで勉学に励む二宮金次郎の像を見かけた。まだ残っていたのだね。私の小学校にもあったが、いつのまにかなくなっていた。

荒野台駅で水戸行きの電車を待っていると地元のご婦人が二人やってきた。話をしていたら、最近このあたりも暑くなった、海風のせいで洗濯物は乾燥したらすぐに取り込まないと衣類が濡れたようになる、と言って鹿島行きの電車に乗り込んでいった。

（2005年7月31日）

8 鹿島

送り盆の日に鹿島の海岸を歩いた。この日は荒野台駅から出発して、鹿島の海岸を歩いた。後半は工場地帯になっていて海辺を歩くことはできなかった。

駅前で歩く準備をしていたら、電車を待つ高校生が不思議そうな顔をしてこちらを見ている。麦藁帽子に白い長袖シャツ、半ズボンの格好、これにリュックを背負い、上腕にはGPSをつけたこの人（私）は、はたしてどこに行くのだろう。山登りのようだが、近くに山はないのにと、その高校生が思ったかどうかわからない。怪しいおじさんは海に向かって歩き出したのだった。

夏も終わりに近づいて、海水浴の人は少なくなった。この日は曇り空で、波が高い。いわゆる土用波というもの。相変わらずサーファーは元気だ。そんなサーファーが遊ぶ砂浜には盆の花と線香が供えられ、ここの名産品であるメロンや西瓜《すいか》が供花のそばに転がっている。それをカラスがねらっている。地元の人たちの海への供養なのだろう。このような光景を初めて見たこともあり、最初は奇妙な思いがあった。歩いていく先々でこのような供養が行われていることがわかり、海辺に住む人々の生活として理解した。

送り盆の日の海岸供花

平井海水浴場で砂浜は終わった。海水浴客も少なく、夏の終わりを感じさせる。ここからは工場地帯になる。それでもできるだけ海岸線を歩くことにこだわってみたが、工場の敷地が海岸にある防波堤への立ち入りを禁じている。迂回して歩く工場地帯の道路は交通量も少なく、舗装された道路脇には雑草が生い茂り、寂しい景色だ。

鹿島共同火力発電所を過ぎて、鹿島港に出た。しかしここで行き止まり。港の縁を巡る道はない。同じ道を戻らなければならないことがわかると、どっと疲れが出てきた。この日は歩きすぎたようで、9時から歩き始めて、最終地点の鹿島神宮駅に着いたのが午後4時だから7時間歩いたことになる。GPSによると歩いた距離は29・5km、同じ道を戻る足取りは重くなった。

サッカーJリーグの鹿島アントラーズのクラブハウスと練習場の脇を通った。だれも練習していない。あとは鹿島神宮に向かって歩くだけ。鹿島臨海鉄道の貨物列車を見送り、実り始めた稲穂をながめ、広い道路ができた繁華街を抜ける、その道程の長いこと。うんざりした頃、やっと鹿島神宮駅に着いた。次回は、また同じ道を歩いて工場地帯に戻ることになるので、これが少しばかり気が重い。

（2005年8月16日）

コラム　GPSについて

本書ではここで初めてGPSという言葉が出てくる。これだけカーナビが普及しているので、GPSをご存知ない方はいないと思われるが、私がここで使用しているGPSを簡単に説明しておくことにしよう。GPSとはGlobal Positioning Systemの頭文字をとった略語で、日本語では全地球測位システムという。人工衛星を利用して現在位置を知ることができる。私は長年、登山やサイクリングにハンディGPSナビゲーターを使用している。この『常陸を歩く』前半の海岸歩きでは、ひたすら紙の地形図を見ながらできるだけ海岸線を歩くだけでよかった。このためGPSは歩行したルートや距離を記録するためだけの道具であった。しかし後半の県境尾根歩きでは、尾根の分岐で進行方向を確認するためにはGPSが主役になり、地形図は現在位置を確認する脇役になった。

9　日川浜

このところ運動不足でもあり、久しぶりに常陸の海岸を歩くことにした。あいにくの曇り空である。山歩きではないし、少々の雨なら傘をさして歩くことにした。鹿島アントラーズのクラブハウス近くにある高松緑地運動公園に駐車した。朝早いので駐車する車はなかった。ここからが前回の続きとなる。鹿島湾を囲むように工場群ができているため、このあたりの海岸線は歩けない。歩く人もいない、海も見えない工場脇の、自動車がひっきりなしに通る道路を行くので、海岸のそばを歩いている感覚がまるでない。

石碑に出会った。それによると、昭和19年特別攻撃隊櫻花隊が近くの神之池で訓練を行い、その後九州最南端の鹿屋に移り、そこから出撃したという。特攻の発祥の地とある。傘を地面に突き立ててこの案内板を見ながら、今のイラク戦争に思いを馳せた。

持参した昭和62年発行の地形図にある道路が通行止めになっていて、迂回せざるをえない。立派な道路がどうして通行止めになったのか不思議であった。あとで最新の地図を見ると、居切という地域がそっくり消失していた。地面が掘り進められて港の一部と化していたのだった。迂回した反対側にもゲートがあり、警備員が寒そうに立っていて、時折

今はない居切の方角を望む

入っていく工事用車輌を見守っている。古い地図にある寺や神社はなくなっているし、居切の集落もないのであろう。ゲートの反対側にはもう使われなくなった道路が草におおわれていた。

傘を手にして歩く姿は奇異に映るのだろうなと思いながら歩いていくと、鉄道線路に列車が止まり、たくさんの人が集まっている。何事かと訊いてみると、今や荷物を運ぶだけになってしまった鹿島臨港線が営業20周年を記念して一日だけの臨時旅客列車の運行を行うイベントであるという。ここ神栖駅とサッカースタジアム駅を35分ほどで走る。

鉄道マニアが盛んに写真を撮っている。この『常陸の海岸を歩く』では鉄道に縁が深い。出発点に戻るために鉄道を利用している。すでに廃止になった日立電鉄にも乗ることができた。今回のコースには近くに鉄道線路が敷設されているが貨物専用なので鉄道は利用できず、長い距離を歩いて駅に出なくてはならない。このイベントを事前に知っていれば、廃線を走る電車を利用できたのであったが。

風が強くなり、少し雨が降り出してきて、傘をさして歩く。昼時になり、雨宿りを兼ねてラーメン屋に飛び込んだ。このあたりには飲食店が少ないからだろうか、たいそうな混みようだ。相席となり、醤油ラーメンを注文した。味はあまり期待していなかった。だが、このような店にしてはと言ったら怒られるが、上等な味のラーメンであった。失礼したな。

やっと神栖の南浜にたどり着いた。防波堤のコンクリート壁が立ちはだかっていて海は見えず、時折寄せる大波が砕け散る水しぶきが見えるだけ。観光目的であろう、たくさんの壁画が一面に描かれているが、すでに十数年経っているため、絵具も剥がれている。しかし色あせているからこその味わいも感じることができる。

一連の壁画が終わると待望の砂浜（日川浜）に出た。アスファルトでできた道やコンクリートの壁ばかり見てきた目には気持ちがなごむ景色である。漂着したゴミが多いのが気になるが、波の音を聴き、砂の上を歩くのは気が休まる。これも長時間無機的な人工物の中を歩いてきたからこその感慨であろう。

この砂浜は次回の楽しみとして、本日の最終目的地である下総橘駅（成田線）に向かった。

再び工場の道を行き、常陸利根川、利根川、黒部川を越える長い橋を渡り、日が暮れて薄暗くなった頃にようやく下総橘駅に着いた。無人の駅舎のベンチに腰をかけて銚子から来る電車を待っていると、今回は海には縁遠い面白味のないコースではあったが、それなりに変化があって楽しめたかなという思いになっていた。さて、『常陸の海岸を歩く』は次回で最終回となる。

（２００５年10月16日）

壁画

10　銚子

茨城の海岸歩きは最終回となった。Yさんから、銚子に着く時には連絡してくださいという温かい言葉をかけてもらっていたので、それではとYさんはもちろん、そのほかの山仲間にも海岸を一緒に歩きませんかと声をかけたら、皆さん一緒に歩いてくれることになった。

集合地点のJR下総橋駅に着いたら、Tさんなど8人の山仲間が大集合。これだけ参加してもらえるとは予想していなかったので感激したが、すぐに、果たして面白いハイキングになるか、という不安がよぎった。お誘いしたものとしては、それなりの責任を感ずる。今回の海岸歩きに参加してくれた人たちとはパソコン通信を通して知り合った。

インターネットが普及する以前に、固定電話回線を利用した電子メールや電子掲示板など、会員制のサービス形態がパソコン通信である。インターネットがこれほど発展するとは想像できなかったので、当時は画期的な情報交換の場であった。ただし固定電話回線を通しているので通信速度が遅く、一通の電子メールを送信するのでも随分時間がかかったものである。

電子掲示板には数多くの会議室（フォーラム）があった。その一つが山の情報を交換する場の「山のフォーラム（ＦＹＡＭＡ）」であり、ここで出会ったのがシモンさんたちである。山登りに行ってはその時の情報をオンラインで交換していたが、時にはオフラインミーティング（通称オフミ）として、実際に集まって山に登ったり、お酒を飲んだりしていた。私の山仲間では、山菜オフ、ネマガリ（タケ）オフ、きのこオフと称して山の恵みをいただいた。シロヤシオオフや山スキーオフとして自然に親しむイベントも実施した。しかしインターネットが急速に普及したため、２００６年にはパソコン通信サービスは完全に終了したのであった。

今では私の山仲間とはインターネットを通して情報交換している。

前回の終点である日川浜に車で移動。ここから歩き始めた。これ以上の天気は望めないほどの晴天だが、気温は低めで風が冷たい。犬の散歩に来ている人がいる。われら９人は太陽に向かって砂浜を南下していく。

この浜辺には風力発電機が並び、そのプロペラが風を受けて回り、今回のコースのアクセントになっている。海岸の距離感というものは狂うようで、いくら歩いてもこの風力発電機に達しない。そしてやっと到着しても、このプロペラ塔の区域を抜け出るのがまた長く感じられた。

この頃、Ｆさんから風力発電機の先で待つとの電話連絡が入った。Ｆさんはハーブ入りのホットワインを作ってわれわれを待っていてくれた。この美味しいワインの味は忘れられない。

浜辺には、ゼラチンのようなクラゲ、流木、蛤の貝殻、小さなイルカの死骸、など様々なものが落ちている。それらを観察するのも面白い。海鳥のミユビシギやウミネコの集団も見飽きない。

銚子岬の灯台が見えてくるとそろそろ終点が近づいてきたことがわかる。どういうわけか今回はサーファーの姿がない。茨城の砂浜は浜新田で終わり、港の堤防を越えて、風力発電機のある利根川河口でゴールとなった。参加された皆さんとともに万歳と唱えて完歩したことを実感した。その後、銚子駅に向かって歩いた。交通量の多い銚子大橋の狭い路肩を越えなければならなかったのは余計だった。

茨城の海岸歩きは、こうして終わってしまった。始めあれば終わりあり、との世の定め。そうは思いながらも、終われば一抹の寂しさを感ずる。

（２００５年12月10日）

波崎海岸に現れた“7人の侍”

ウミネコも隊列にて我々を出迎えたり

第二章

常陸の県境を歩く

２００６年から２０２４年にかけて、銚子から千葉県、栃木県そして福島県の県境を、のべ47日間かけて歩いた記録である。

11　銚子から下総橋

常陸の海岸を歩き通して、これが思いのほか面白かったが、終わってしまって気が抜けた。それでは茨城の県境を歩いて常陸の海岸歩きの出発点である勿来まで歩いてみよう、すなわち常陸を一周してみようと思っていたら山スキーで足を怪我してしまった。歩くこともままならないことになってしまった。地図を見ると、茨城の県境は銚子からは利根川に沿っているが、古河で利根川を離れ、下館あたりから山の中となる。前半は川岸を歩き、後半は低山の尾根筋を歩くことになり、海岸歩きとは違った面白さもあるだろうと、地図とにらめっこしてコースを考えながら足の怪我の回復を待った。

リハビリを兼ねて、さあ歩くぞと銚子に出かけた。利根川河口の風力発電のプロペラは今日もだるそうに回っている。風が冷たいので両手をポケットに入れて歩き出した。銚子大橋を過ぎる頃には体も温まってきた。利根川の川岸は護岸工事のコンクリート堤で、海岸のように水辺を歩くことはできない。コンクリートの凸凹は歩幅に合わずにまったく歩きにくい。ところどころコンクリート堤がないところが出現するが、ここには葦のようなものが生えている泥地帯なので歩くことはできない。蜆《しじみ》採りをしている人がいて、それを眺めて休んでいたら、向こうも変な男が歩いていると怪訝そうな様子でこちらを見ていた。

この日は田植えの真っ盛り。利根川に沿った田圃には水が張ってあり、あたかも川の水があふれたようであり、湖ができたようでもあり、春の一日の風物詩。そんなあぜ道を親子連れが自転車でやってくる。遠い昔にみたような、ノスタルジックな心象風景。こんな道を、あんな自転車でガタゴト〳〵、そんなこともあったなと思い出していた。田圃では気の早い蛙が鳴いている。

海岸歩きの時には波が砕ける音があるので、人工的な音は聞こえてこない。しかし川岸歩きではいろいろな音が聞こえてくる。その中でもうるさいのがガソリンエンジンが発する音であることがわかった。自動車ばかりでなく田植え機も、田に水を入れるポンプも盛んに音を発している。ガソリンがなかった頃はさぞかし世の中は静かだったろう、自然の音に満ちていたろう、と思った。日が傾きかけた頃、見覚えのある橋が見えてきた。あの橋を渡ると今回の終着点のＪＲ成田線の下総橋駅である。川辺で魚釣る人がいて、私が幸運をもたらしたのか近づいたら鯔《ぼら》のような大きな魚を釣り上げた。

下総橋駅から電車で銚子駅に戻り、駅前で土産を探して一軒の店に入ってみた。いろいろな土産物があるので店頭にいた主人に銚子の名物は何かと訊いたら、それはなんといっても鰯《いわし》だ、鰯の角煮だと言うので、鰯の干物一箱と角煮を二袋買った。

銚子大橋を歩いて渡るのは決死の覚悟がいるということが前回の海岸歩きのときにわかって懲りていたので、今回はタクシーを奮発して出発点の波崎の河口まで戻った。こんなところに行く乗客はこれまでいなかったとみえて、駅前のタクシーの運転手に河口にある風力発電塔の場所を説明するのに骨が折れた。

（2006年5月3日）

12　潮来

知人に茨城県を一周するために歩いていると話すと、どうしてなのかと動機を尋ねられることがある。何か大きな目的があるのではないかと、その人は考えるようだ。だが自分でもよくわからない、というのが正直な思いである。強いて言えば「なんとなく」というゆるい気分で歩いている。散歩をしていて道が二手に分かれる地点に差し掛かった時に、右に進むか左に行くかを決めるのは、こっちのほうが面白そうだという気分で決めることがあるだろう。そのような「なんとなく」の気分で歩いていると答えておこう。

内田百閒の『阿房列車』の始まりは「なんにも用事がないけれど、汽車に乘つて大阪へ行つて來ようと思ふ」であるが、この『常陸を歩く』では「なんにも用事がないけれど、歩いて常陸を一周してみよう」ということになるか。なんとなく歩きたくなったから出かけるので、そのため気分が乗らないという理由で急に中止してもなんら支障はない。また何年何月までに歩き通すという自らの期限も決めていない。朝起きてみて、空を見上げて雨が降りそうなので止めたりしている。まったくずぼらで呆れるが、歩き終えて帰宅したあとに、旅行記のような感想文を書くことだけは真面目に継続している。

今日は常陸の県境歩きの二回目である。今回は下総橋から潮来まで歩いた。ＪＲ下総橋駅には何度も出かけていて、ずいぶんお世話になった駅であるが、帰路は自転車を利用することにして鉄道は利用しないことにした。このため自転車を潮来に近い十二橋駅にデポ（登山用語で、デポジットの略語、自転車などの移動手段を都合の良いところにあらかじめ置いておくこと）しておいた。

風の強い日であった。利根川に沿って県境を歩く。歩き始めると、これから渡る利根川大橋と、煙を吐く神栖の工場煙突が見える。

利根川大橋を渡り、利根川と常陸利根川に挟まれた砂州のような、サイクリング道路（大利根サイクリング道路）を行く。風が強いためかサイクリングの人もやって来ない。サイクリング道路は堤防上に作られていて、自転車で走っても気分の良いところだ。草が生い茂っていて川岸に近づくことはできないのは残念ではあるが。

ひたすらサイクリング道路を黙々と歩く。風は強いものの、それが天然の扇風機のようで歩いていても暑いということはない。

県境線は小見川大橋の手前でサイクリング道路を横切り、新たに常陸利根川が県境となるので、私もその方向に進む。「できるだけ忠実に県境を歩く」という原則を守ろうと

サイクリング道路

思っている。息栖大橋の手前には錆びたトタンの小屋がポツンと建っていて、どういうわけかこれに哀愁を感じた。息栖大橋の下を潜り、土手の砂利道を歩き、川岸のコンクリート部を歩いていくと、外浪逆浦《そとなさかうら》の方面が開ける。これも昔見たような、懐かしいような景色である。

取水場のような堰《せき》まで歩いた。ここにある建物には「水機構新附州機場」との看板がある。意味が理解できない。地形図には「揚排水機場」とあるので、建物の中には水を汲み上げたり排水したりする機械があるのであろうが、それでもよくわからない。もう一度地図を見ると、このあたりは附州新田という地名であることがわかったのだが？？？

東関東自動車道の下を通り抜け、水上バイクや水上スキーをする若者を横目に、まだまだ土手を歩き続ける。そろそろ飽きてきた。やっとＪＲ鹿島線の鉄橋下にたどり着いた。今回の県境歩きはここが終点である。この日の歩行距離は23・６ｋｍ。

十二橋駅まで歩いて自転車をピックアップして、潮来に向かう。自転車は早い。潮来では、客がいないのか、あやめ娘が集まって雑談している。あやめ娘というにはずいぶん無理があるように見えた。失礼。常陸利根川サイクリング道路を快適に飛ばして出発地点に戻った。

（２００６年７月30日）

13　下総滑河

前回の終点であるＪＲ十二橋駅から歩き出す。すぐに常陸利根川に出会い、土手の上を行く。潮来大橋を渡り、左岸を歩く。今日も釣り人と水上スポーツの人が多い。田圃は水を湛え、あたかも突然のようにあちこちに沼が出現したようだ。田植えはすでに終わっているところが多いが、植え残したところを手植えしている人が見える。

北利根橋を渡ると県境は幅の狭い横利根川となる。県境歩きは今回で３回目だが、大きな道路があるわけではないので、ここにはコンビニや今流行りの量販店はない。そのかわり昔風の小さな店を時々見かける。そのような一軒の店から老女が出てきて、手押し車を押して帰っていった。驚いたのはこの小さな店は百貨店という看板を掲げていたこと。生活用品なら何でもあるのだろうか。店は土手の下にあるので、それを確かめることはできなかった。

横利根川のあたりには、これぞ日本というような景色が広がる。田があり、民家があり、遠くには小高い丘があり、そこを曲がりくねった道路が走る。

県境は再び利根川となり、左岸の舗装された土手の上を行く。県境は利根川中央から離

横利根川

れて陸地に出張る。ここは石納というところだが、地名というのは読み方がむずかしい、これを「こくのう」と読む。昼時になったので、どこかで昼食をと思い、一軒の旅館のような日本料理店があったので入っていった。声をかけたが返事がなく、店内には誰もいない。やっていないのかと思って店を出たら、女の人が追いかけてきてやっていますと言う。それではと、店内に戻り天丼を注文する。酒飲みとしてはビールを注文しなければならない。揚げたての海老天ぷらを肴に至福のひと時である。

ひたすら利根川の土手の上を上流に向かって歩いていると、時々自転車に乗った人が通り過ぎていく。自転車を停めていた一人の若者は、「鹿島までアントラーズのサッカー試合を見に行くんですよ、ゲームは4時開始だけど間に合うかなあ〜」と私に言う。足が攣《つ》ってしまったと言っていたので、急いでペダルを漕いでいっても試合開始には間に合わなかったであろう。

本日終点の滑河駅に着いたら銚子行きの電車がちょうど発車するところで、これには乗り遅れてしまった。電車の発車時刻をあらかじめ調べておくことはしていない。無理をしないでのんびり歩くことにしているので、駅構内で水筒に残った水を飲んだりして無為の時間を潰すことは苦痛ではない。次の電車は1時間後である。

（2007年4月29日）

14　取手

茨城県をぐるっと歩いてみようと始めた県境歩きは、しばらく休止状態だったが再開した。利根川河岸を上流に向けて歩いている。山歩きのような上り下りがあるわけでもなく、山岳のような突然の景色の変化に驚くことも少なく、ひたすら平地を歩くだけなので気分が乗らなかった。このところ休日は自転車に乗ってぶらりと近場の散策（ポタリング）を楽しんでいたのだが、このような自転車ポタリングにも飽きてきたので県境歩きに出かけることにしたのであった。

我孫子駅で成田線に乗り換え、前回の終点であり、今回の出発地点である下総の滑河に向かった。途中、難読の駅を通過。「木下」や「松崎」という駅名、何と読むかおわかりか。車内のアナウンスで「きおろし」と「まんざき」と読むのを知って、へえっと思った。茨城には「大子《だいご》」や「瓜連《うりづら》」という地域があり、地元の人は当たり前のように言葉にしているが、県外の人にとっては難読地名であろう。

ようやく着いた滑河駅にはＩＣカードシステムが設置されていない。駅員に現金で運賃を支払い、ICカード未使用の証明書をもらうことになった。1年3ヶ月ぶりの滑河駅ではあったが、懐かしいという感情はわかなかった。

利根川の左岸はサイクリング道路となっている。今日は8月初めの夏盛り。曇り空で風があるため歩きやすい。それでも暑い。三十分も歩くと、こんな日に歩くことにしたことを後悔し始める始末。サイクリング道路だけれど自転車は走っていないし、炎天下に歩く人などまったくいない。川岸では牛がのんびりと草をはんでいる。傍らには白鷺がいる。牛はまったく意に介していない様子。白鷺は牛に寄ってくる虫を食べているのか、共存共栄のように見える。

昼時になって腹も空いてきたので、食堂に寄って冷たいビールでも飲んで元気をだそうと思ったのだが、そんなところはここにはない。なにせここは人も通らないような川端で、コンビニのような気の利いた店など一軒もない。朝の電車の中でサンドイッチをたくさん食べていなければ、この県境歩きも途中で断念したことであろう。自動販売機で甘いコーラを飲んでエネルギーとした。もう少し頑張ることにしよう。

河川敷のゴルフ場とグライダーが軽飛行機に引かれて飛び立つ大利根飛行場を左に見て、しばらくすると布川の町に入った。住宅が多いところで、川岸から離れて商店街に出てみた。食料を調達できるような店はなく、こうなったら本日の終点の取手まで休まず歩くことにした。

利根川に流れ込む小貝川の河口には橋がない。少しばかり川を遡り、戸田井橋で小貝川を渡り、右岸を歩いて再び利根川に出た。このあたりには東京藝術大学があるはずだが、川岸からは樹木にじゃまされて見えない。ここもサイクリング道路が整備されていて、それが取手緑地運動公園まで続いている。これまで歩いてきたサイクリング道路と比べると、道路両脇に茅が生え、それが風に吹かれて乾いた音をたてている。良い雰囲気だ。ここを自転車で走りたくなったので、そのうち小貝川を下るサイクリングを計画しよう。

足にマメができて靴に当たって痛いが、本日のゴールは近い。今夜は花火大会のようで、まだ日は高いのだが緑地公園には浴衣を着た男女など人々が三々五々集まり始めていた。屋台も準備中で、遠くから眺めると土手の緑を背景に屋台の赤色系の色が鮮やかである。

花火見物の人の流れに逆行するように歩いて、ＪＲ取手駅にたどり着いた。こんな暑い日に歩くことにしたことをあれほど後悔していたのに、歩き終えてみれば満足感があった。さてビールはどこで飲めるかな。

（２００８年８月９日）

15　東武野田線愛宕駅

2年近くの空白となってしまったが、茨城県の県境歩きを再開した。前回は取手まで歩いたが、常磐線に乗って取手駅を通過するたびに、この県境歩きを思い出すのだが、歩き続ける気分にはならなかった。人に勧められたわけでもなく、人に自慢するようなものでもなく、ひたすら地図を片手に歩くだけなので、無理することもなく、そうすると自然と出かけるのが億劫になりがちだった。しかし、ようやく重い腰を上げてみた。

ゴールデンウィーク休日の早朝の取手駅は静かだ。駅前にある牛丼チェーンで牛丼朝食。納豆定食なら350円であることを、牛丼を食べ終わる頃に気付いた。利根川沿いには売店もなく、食堂もないことはすでに承知しているので、まずは腹ごしらえとなった次第。牛肉エネルギーを入れて、利根川に向かって歩き出した。今日はどのような道が待っているのかな。

河川敷のゴルフ練習場を過ぎて、利根川岸に出た。いつもは電車から見ていた利根川だが、今日は河原から上野に向かう電車を見ている。

取手から上野まで行く常磐線の電車は、幾つの川を越えていくか、ご存知かな？　利根川、江戸川、中川、綾瀬川、荒川、隅田川と、6つの川がある。隅田川は護岸工事されていて、お世辞にもきれいでないのが残念だが。

利根川の土手上を歩いていくと、マラソンする人、犬の散歩の人、自転車の人、など様々な人たちが行き交う。五月の清々しい気候の中を歩いている。来てよかったな、すっかり春だな。

生活の有象無象も消し飛んでいく気分。「この世は事もなし」てな気分だ。と、このときはそう感じたのだが、そうは問屋が卸さないのもこの県境歩きの面白さかな？

河川敷のゴルフ場からは、ボールを打つ金属音が聞こえてくる。打球の行方は土手の上からははっきり見えない。グリーン上にいるゴルファーの真剣な顔つきが見えるようだ。鮮やかなオレンジ色の新大利根橋が見えてきた。

このあたりは土手が川からずいぶんと離れているので、利根川の川面を間近に見ることができないのは残念だ。

ああ、緑、緑、緑。あたり一面、新緑で満ちている。柔らかな緑色だ。やっと訪れた暖かな世界に、植物たちは急いで光合成をして、緑色をせっせと生み出しているようだ。おい、カラスたちよ、君もこの良き春を謳歌しているのかい？

新緑の世界に感動して歩くのも、このあたりまで。単調な景色に少し飽きてきて、昼近くなってきてお腹もすいてきても売店もない。私の古い地形図にはない、つくばエクスプレスの陸橋と、連休で交通量の多い常磐自動車道の下を潜ると、鬼怒川河口になる。

今回の県境歩きで辛かったのは、利根川支流の河口付近には橋がないことだった。鬼怒川に沿って歩き、上流の橋を越えないと利根川に戻れないのだ。

ようやく鬼怒川に架かる滝下橋に到着。これから対岸を戻ると思うと気が重いのだった。次に現れたのが、同じように河口に橋のない飯沼川。ここも大回りをせざるをえないので、菜の花をせめてもの慰めとしてひたすら歩く。

今年も田植えの季節となっていた。水を張った田圃は、地球温暖化防止に一役買っていると聞いたことがある。この風景を見ていると、なるほど、暑くなった地球を冷やしているような気分になる。

本日の目的地である、坂東市莚打《むしろうち》に着いた。ここの利根川には芽吹橋という名前の橋が架かっている。まさに今の季節を代表するような橋だ。

本日の県境歩きは目的を達成したが、これから東武野田線の愛宕駅から電車に乗るためには、更に歩かなくてはならない。交通量の多い車道を筋肉痛の足で歩くのは面白いものではない。やっと東武野田線の線路を越えた。

こうして第5回目の県境歩きは終わった。このあと柏で途中下車して、駅前の英国パブで、柏レイソルのサッカー試合を見ながら、大勢のサポーターの中で英国パブでは定番のフィッシュアンドチップスを食べ、美味しいビールを飲んだ。私は柏レイソルのファンではないが、柏レイソルが勝ったのは、なによりであった。

（2010年5月2日）

16　ＪＲ宇都宮線栗橋駅

電車が愛宕駅に着く頃には雨が降り出した。幸い小雨で、歩くには支障ないが、傘と地図を持って歩くのは煩わしい。1時間ほど歩かないと利根川にたどり着かないが、目吹町はずれには権五郎目洗いの池がある。そこの案内板によると、「この袋状の池は湧水のため一年中枯れることがなく、後三年の役（1083年）によって眼を射られた鎌倉権五郎景政が傷を癒やしたところと言われていて、目吹の地名もこの伝説による」とあり、目指す芽吹橋の名もこの由来によるのであろう。

芽吹橋に到着。ここから利根川を遡ることになる。目指すはJR栗橋駅であるが、そこは雨に霞んでいて遥か彼方のようだ。芽吹橋の中間地点に千葉と茨城の県境の標識がある。県境は人間が歴史の中で勝手に決めたことであり、そんな県境を歩いている物好きがいても、自然にとってはあずかり知らぬことである。

雨に煙る利根川の土手を行く。サイクリング道路となっている土手上の舗装された道を行くのも面白くないので、地形図にある川沿いの雑草の生えた細道を歩いてみた。雨水を含む草がズボンや靴を濡らすので、早々に退散して土手に上がった。雨の中を歩く人や、サイクリングの人もいない。私が歩く先々でカラスだけが出迎えてくれるが、歓迎されざる客というカラスの態度である。小さな寺の軒先で一休み。大きな銀杏の下にはたくさんの実が落ちていて、雨に濡れた臭いが鼻につく。

八王子N物産の看板のでている工場の煙突は盛んに煙を吐き、佐伯祐三の油絵に描かれたような風情を感じて写真を撮った。

いつものように歩き疲れた頃に景色が変化してくる。境大橋で利根川を渡り、支流が江戸川として始まるあたりが五霞町《ごかまち》である。

茨城県の五霞町は利根川右岸にあり、千葉県北部に入り込んでいて、川を隔てた茨城の孤島のようなところである。どのような理由で五霞町が千葉県に編入されずに茨城県に属するのか不明。町の車はつくばや土浦のナンバープレートを付けているので茨城に属していることが確認できる。五霞町は農業の町の印象を持っていた。しかし初めて訪れてみると今や工場の町でもある。操業中の工場ではトラックが出入りし、工員たちが忙しそうに働く姿がある。

先を行く大きな傘をさした人を追い越したら、「兄さん、足が速いね、何処まで行くの」と声をかけてきたので、しばらく歩きながら話をした。70歳を過ぎた話好きな兄さんで、車が壊れたので歩いて幸手《さって》市まで行くとのこと。一緒にゆっくり歩いていると日が暮れて

雨の工場

しまうので、失礼して先を急いだ。途中トラックが走る道を避けて、より県境に近い小さな中川の土手を歩いてみたら、これが大失敗で、途中から雑草が生い茂って行く手を阻んでいた。進退窮まって畑のあぜ道を通って、民家の庭先を通してもらって、もとの舗装道路に出たら、先の兄さんははるか先を歩いていた。とんだ回り道をしてしまった。暮れかかる頃、東北新幹線の下を通過し、利根川に再会した。

次回の上流方面を確認して土手を下り、寺の脇を過ぎて宇都宮線の栗橋駅にゴールした。本日歩いた距離はフルマラソンと同じ42ｋｍだ。しかし、要した時間は私のマラソン記録の倍以上の8時間30分であった。

（２０１０年10月21日）

17　古河

茨城県の海岸線を北の平潟漁港から南の波崎漁港まで歩き通して、そのあと始めた利根川河口からスタートして平潟漁港に至る計画の茨城の県境歩きは長いこと中断していた。調べてみたら前回は２０１０年の秋だったので、ほぼ4年間のブランクとなる。翌年に発生した大地震や家族の病気が影響してのんびり歩いてもいられない心境であった。このところ時間の余裕もでてきたので、県境をひたすら忠実に歩くという自己満足的趣味を再開した次第である。

今回の出発地である宇都宮線（東北本線）の栗橋駅に降り立った。駅前でＧＰＳを稼働させ、利根川に向かって歩き出した。前回歩いた街中の道を行くつもりであった。しかし記憶も定かでなくて、駅前通りを進んだら別の道であった。そのおかげか途中で静御前の墓に出会うことができた。

静御前は吉野の山で源義経一行と別れ、頼朝方の追手に捕らえられて鎌倉に送られたあと、一旦は京都に帰った。しかし義経を慕う思い断ち難く、文治5年（１１８９年）1月に奥州平泉へと向かう旅に出た。5月には下河辺荘高野（埼玉県杉戸町）に着いた。静御前は栗橋関所が厳重に警備されていることを知り、義経の叔父が住職を務める高柳寺（栗橋町）に一泊した。更に北を目指して下総国下辺見（古河市）にたどり着くが、旅人から義経がすでに殺されたことを聞かされ、生きる望みを失った彼女は病に伏し、高柳寺で剃髪して尼となる。その数ヶ月後の9月15日に「九郎ぬし（義経様）」という言葉を最期に22歳の若さでこの世を去ったという。思いがけない感傷的な寄り道となった。

更に歩むと利根川の手前には自動車道があり、ここを渡るためには結局前回と同じ道に出会うことになって、地下道を通って利根川の土手に出た。今回で利根川から離れることになる。本日は上天気で、川面は明るく光っているので気分は上々。

茨城県側にある河川敷ゴルフ場で遊ぶゴルファーを見下ろしながら利根川橋を渡る。川岸のサイクリング道路では、自転車に乗って休日を楽しむ人が多い。川岸には冷たい風が吹いている。南西の方角には遠く裾野まで雪に覆われた富士山、まだ雪が少ない日光の山々を北に見て、三々五々散歩する地元の人と同じように歩いていくと渡良瀬川の河口に至る。河口の波崎から傍らを歩いてきた利根川ともここで離れることになる。特別の感慨は起こらなかったのはこの先も長い行程が待ち受けていることや、今日予定したコースを歩き通せるかという思いがあり、心に余裕がなかったからであろう。

渡良瀬川に沿って県境線が引かれている。三国橋の上流は川が左に曲がり、茨城県側の河川敷にはゴルフ場が広がり、川岸を歩ける道がない。このゴルフ場を取り囲むように県境があり、サイクリング道路は川岸を離れてまっすぐ北に延びている。この道を歩いてショートカットしてもよいが、渡良瀬遊水地を眺めてみたいこともあって三国橋を渡った。

地図を見て渡良瀬遊水地は湿地帯のようなところと想像していたが、貯水池が広がる湖のような眺めに驚いた。風光明媚という言葉があてはまる景色で、広々とした山水画のようである。ただ遊水地の土手は立ち入り禁止になっていて、渡良瀬川に沿った道から湖面を望むことができないのは残念である。

釣り人が駐車する自動車の傍らを歩き、車通行止めになっている橋を渡り、左岸を下っていくと再び県境に出会うことになる。ここから県境は古河市の街中になる。

左手に持つ地形図と右手のＧＰＳを頼りに、忠実に県境を行く。県境は必ずしも道路の上にあるわけではなく、遠慮なく民家の敷地内にも入り込んで線引きされている。可能な限り県境に沿った道を歩く。

コンビニで昼食弁当を買ってから、市街地を過ぎると郊外の一本道となる。ところどころで畑の畦を歩き、宇都宮線の線路を越える頃になると日も傾いてきた。予定では水戸線の小田林駅まで歩くつもりであったが、冬で日が短いこともあり到底歩き通せないとわかり、東北新幹線を越えたところで断念して、本日の県境歩きを終えることにした。

ここから小山駅まで相当距離がある。歩かざるをえないと覚悟して新幹線に沿った田圃道を行く。歩いている途中で小山駅まで行かなくてもよいことに気付いて、本日の最終目的地を間々田駅に変更した。県境から離れることを判断した時点では、野木駅が最も近かったのであったが、余分に歩いてしまったのは後の祭り。次回は野木駅から出発しよう。

（２０１４年12月7日）

18　JR宇都宮線野木駅から水戸線小田林駅

建国記念の日も寒い朝であった。手の指が凍えるような冷たさを我慢して自宅から自転車で常磐線の赤塚駅に向かった。乗り込んだ水戸線小山行の電車は乗客が少なかった。下館駅から遠足の幼稚園児の集団が乗り込んでくると車内は賑やかになった。子供たちは騒々しいのだが、9ヶ月になる孫も成長するとこのようになるのかと思うと、これまでと違って少しも苦にならないのだから驚く。小山駅のプラットフォームで立ち食い蕎麦を食べて、宇都宮線に乗り換えて野木駅で下車した。駅前で地形図とGPSナビゲーターを取り出した。ロータリーからまっすぐに延びた道路を東北新幹線の高架橋をめざして歩き出した。

高架橋を通り過ぎ、県境をなぞるような直線状の細道に入ると泥濘《でいねい》に運動靴は泥だらけである。このあたりは国木田独歩が描写した武蔵野のような森が広がっていたのであろうが、いまでは開墾されて住宅が建ち、小さな工場や資材置き場となっていて、ところどころに林や畑が残っているだけである。

私の古い地形図にはない国道4号線の下を潜りぬけて、更にまっすぐに延びる県境も、ところどころ道がなくなるので畑の中のあぜ道を歩くことになる。このあたりから望む筑波山は男体山と女体山の重なり具合が絶妙で、真壁あたりから見る筑波よりもすっきりしている。

県境は小さな川に至ると北に向かって曲がる。この川は難読の西仁連川である。「にしにれがわ」と読むことを橋杭に書かれた名札で知った。名前の由来をインターネットで調べると、戦国時代から流域の地名として「仁礼」の名があり、「にれ」は、ヌレ（濡れ）の転で湿地、あるいはヌラ（滑）の転でなめらかな地形をさすという。西仁連川は下流で二つに分かれ、東側が東仁連川となる。

西仁連川は両岸を護岸のためにコンクリートで固められていて、風情のある川ではない。畑ではビニールトンネルの中でレタスが美味しそうに育っていた。魚網を投げる三人がいたので話を聞くと、こんな小さな川でも鯉が捕れるそうだ。大きな布袋を運んでいたので収穫があったのだろう。これまで利根川を遡ってきて、渡良瀬遊水地からは川岸を歩くこともなくなると思ったのだったが、このような小さな川岸を歩くことは予想していなかった。次回は鬼怒川を遡ることになる。

交通量の多い国道50号線を横断すると県境を流れる西仁連川は江川と名を変える。水戸

筑波山を望む

線の橋脚下は通れないこともないが、迂回して踏切を渡って江川に戻った。今回は変化に乏しい川岸歩きと思っていたら、江川では野鳥との出会いがあった。枯れた葦の中に鮮やかな青いカワセミを見つけたときには思わず足を止めて見入ってしまった。シラサギやアオサギは近づいてもなかなか飛び立とうとしないのである。江川には大きな鯉が泳いでいた。

運動公園周辺では河岸は遊歩道になっていて、口のまわりだけが茶色の猫が悠然と先を歩いているので、私は知らんふりをして追い抜いた。猫は私を無視した。

県境は江川から右に折れる。ここを本日の県境歩きの終点とし、住宅街の中を近道して小田林駅に向かった。

（２０１５年2月11日）

19　真岡線久下田駅

連休中の一日に、茨城県境歩きの続きとして小田林駅から久下田駅まで歩いた。

ＪＲ水戸線の小田林駅は無人駅である。7時半に降り立ったのは私と、外国人とみられる若者の二人である。３ヶ月前に来ているので勝手知ったる道を行き、前回の県境終点に着いてからは地形図の県境線に沿って歩く。新築の住宅地を通っている県境は道路上にないので県境を忠実には歩けない。畑や温室脇のあぜ道は歩けるが、舗装された道ではないので、泥や土埃で靴は汚れてしまうがかまわず忠実に歩く。

小さなゴルフ練習場脇から舗装された道路に出た。２００ｍほど進んで右折すると寺野東遺跡と展示館がある。まだ開館していないので、水の溜まっていない貯水池を一周して、結城ガーデンという料亭のようなところから吉田用水路に沿って行く。

田川に出た。すぐに川から離れて田植えしている田圃の道となり、その後牛舎の脇から鬼怒川に至る。土手で途中のコンビニで買った握り飯で遅い朝食とする。水戸線の鉄橋を何本かの電車が音を立てながら通り過ぎた。

田川の土手を行く

県境は茨城県側の鬼怒川左岸を通るが、栃木県側の土手を歩く。中島橋を渡ると茨城県の筑西市になる。ここで地形図を読み間違えて河原に出てしまったので、葦の茂る中を歩く羽目になり、早々に河原から離れて民家の庭先を通してもらって車道に戻った。H結城工場から再び川沿いの道になる。鬼怒川を離れて、田圃の中の道から筑波山を望み、下館第一工業団地の小さな公園で小休憩した。

史跡弁天山古墳は水を張った田の中にある。この真岡《もおか》市指定の古墳に登ってみたら小さな祠があるだけだった。田植えをしている人たちの脇を、リュックを背負った男が歩いているという構図を想像して、懸命に働いている人の中を遊びとして歩いているのは少し後ろめたい感じもした。

口戸という集落から用水堀に沿って北に向かい、国道294号線を横断。道の駅という看板を目にしたが、県境は国道を離れるので立ち寄れなかった。小学校を通り過ぎた頃から弱い雨が降り出したが、午後2時半には本日の目的地である真岡線久下田駅に着いた。次回からは尾根歩きが始まることになる。

（2015年5月4日）

コラム　尾根歩きの荷物

茨城の低山であってもけっして侮ってはいけない。有名な山には山頂までのルート標識がたくさん整備されているが、登山（ハイキング）ルートになっていない低山には標識などないので、むしろ低山の方が道に迷うことが多いと思っている。迷っても安全な尾根を選んで下れば、低山では人家がある集落に出ることができる。しかし茨城の低山でもハイカーが遭難して、捜索隊が出ることもある。また低山では歩く人が少ないため笹などの薮が繁茂して、薮漕ぎ（灌木や笹などの薮をかき分けて進むこと）して進むことがあるので体力の消耗に注意する必要がある。

家族あるいは知人にあらかじめ行き先を告げておくとともに、リュックの中には万が一のための装備品を入れている。思いつくまま列記すると、私は次のようなものを県境歩きに持参している。十分すぎる水（山の中に水場がないことが多い）、昼食の弁当（時には朝食も）、非常食、懐中電灯と予備の電池、雨具（冬場の防寒にもなる）、非常用の簡易テント（ツェルト）、携帯電話と充電器、地形図とコンパス、簡易コーヒーメーカー（重くなるので持っていかないことが多い）、ハンディGPSナビゲーター（尾根歩きの後半ではスマホの地図アプリを使用したので出番がなくなった）、絆創膏にも使えるテーピングテープなど。これだけ入れるとリュックは多少重くなるのは覚悟しなければならない。

歩行時の格好は、日除けや防寒のためばかりでなく張り出した木から頭を保護するための帽子、手袋と長袖シャツと長ズボン（虫刺され防止と薮漕ぎ対策）、登山靴（ハイキングシューズも可）、登山ストック（急崖を登る時に邪魔）となる。冬場は厚手のセーターをリュックに入れている。なお、低山県境尾根には猪くんはいるが絶世の美女はいないので、お洒落する必要はないことを付け加えておく。

この『常陸を歩く』では、気分次第で出かけていたので必然的に単独行になることが多い。このため、最初の頃は文庫本を持参して、海風に吹かれながら悠然と読もうとしたが、そのような余裕はなく、リュックから本を取り出すことは一度もなかったのですぐに止めた。

20　大手坂

下館駅で真岡鐵道の二両列車に乗り継ぎ、久下田駅で降りた。線路を渡って住宅街の細道を行き、地形図とＧＰＳの県境線を頼りに進んでいくと小さな川沿いの道となる。朝は曇り空であったが、昼前には快晴となった。

五行川の土手に出ると、菜の花が咲き始めていて春を感じる。筑波山が見えている。田植えの準備のためにトラクターが何台も動いている。今回から尾根歩きになり、最初に取りつく尾根が見えてきた。このあたりには採石場があるので県境通りに歩けるか少し不安なところがある。

小貝川に出る。暴れ川で有名だが、水量が少ないので洪水になるような川とは思えない。土手で早いお昼の弁当を広げる。早起きして作った簡単な弁当である。ネギを細かく刻み、鰹節と混ぜてから醤油をかけて更に混ぜる（Ａ）。大きな弁当箱にご飯を薄く敷きつめ、この上にＡを広げ、焼き海苔を覆うようにのせる。更にこの上にご飯を薄く広げて、同じようにＡと海苔をのせて、この上にまたご飯をのせる。最後に塩で味付けした卵焼きを、白いご飯が隠れるようにのせる。これで完成。シンプルながら外で食べる頃には鰹節とネギの旨みを吸収した醤油がご飯に沁みて、事のほか美味しくなっている。この弁当を食べているると、釣り人が対岸の川辺を移動しているのが見える。

県境は途中で小貝川を横切る。ここには橋がないので北関東自動車道の傍らにある橋で迂回することになった。真岡市街と新治駅を結ぶ舗装道路に出たが、この道路は自動車の交通量が多い。

いよいよ尾根歩きである。これまでの川岸や町中を歩くのとは違った楽しみを期待する。操業を止めて黒いシートで覆われた採石場を左手に見る。最初から藪漕ぎとなり、この先が思いやられる。どうにか採石場の上部の太陽光発電パネルが並ぶ展望が開けたところに出た。

県境線は忠実に尾根上にあり、両脇はゴルフ場である。大政山トンネルの真上を歩くところがある。もちろん尾根の上ではトンネル内を走る自動車の音など聞こえない。ところどころ踏み跡があり、人が歩いた形跡があるものの、藪に消えているところも多い。時折ゴルファーの声が聞こえてくる。藪に難儀していると、暗くならないうちにこの最初の県境尾根を越えて自動車道の通る大手坂まで歩けるかと不安になる。

色あせた赤色のビニール紐が道標として現れたので、ありがたくこれに従って歩いていくと、ひょっこりと標高２８３・４ｍの大政山の山頂に出た。地形図には三角点と標高の表示しかなく、大政山の表示はない。ハイキングコースになっているので、北廻りコース55分、中央コース30分、南廻りコース40分の標識がある。いずれのコースも影井台の登山口に至るので、県境尾根を行くにはこれらのコースを進んではいけない。そこで地形図を睨んで進むべき尾根を見定めて先を急いだ。

ところが途中の尾根の分岐点を間違えたようで、急な尾根を下ることになってしまった。右手に見える尾根が県境であろうと思い、途中で谷を越えてその尾根に上ったが、それも急な下りとなっている。ここで県境に出るのはあきらめて、谷筋に沿って下ることにした。幸いなことに、このルートが正解であった。というのは、県境を正しく進むと採石場となり、そこは人工的な急崖で危険であるため下れず、結局引き返すことになったであろう。車道に出て大手坂で県境の標識と次回の登り口を確認した。

（２０１６年３月21日）

21　大郷戸

大郷戸ダムに駐車して、積んでいった自転車で県境の大手坂に向かった。県境標識の支柱に自転車を括り付けて尾根に取りついた。篠竹の薮をかき分けて進んだ。最初のピークの左手（栃木県側）は採石場になっていて、注意喚起のトラロープが地面に横たわっている。小枝を避けながら歩いていくのも苦労する。送電線の鉄塔には巡視路が左側から延びていた。筑波山から加波山に至る山脈が霞んで見える。このところ朝方は曇っていたが、この時には快晴になってすこぶる気分が良い。

更に北に向かって尾根を行くと、再び左手に採石場を見る。地形図の２３９ｍ三角点手前で県境は東に曲がり、ピークを越えると急な下りとなる。途中に氏神様を祭った社がある。長い年月を経て朽ちていて、代わって石造りの社が置かれていた。地元の人が参拝しているだろうが、今ではここまで登ってくる人も少ないのではないだろうか。竹林を出ると舗装された道路に出て、県境を少し離れる。溜池には桜が満開と咲き競っているのに、それを愛でる人は誰もいなかった。

採石場に向かう林道に入る。送電線鉄塔の傍らに軽トラックが駐車していた。これは猪狩りの人の車であることがすぐに判明した。林道脇に鉄砲を抱えた人が立っていたのである。少し話をすると、役場から頼まれて農作物に被害を与える猪を駆除しているとのこと。ハンターが囲む地域を歩くのも剣呑《けんのん》であるし、林道も採石のため断崖の行き止まりであったので引き返すことにした。送電線鉄塔の下で早い昼飯とした。

採石場を避けてどの地点から県境尾根に近づこうかと思案しながら地形図を眺める。大泉集落の手前から東側の尾根に向かい、採石場の南端を縫うように走る地形図上の破線の道を行くことにした。

谷筋を歩き、発破危険注意の看板を見て、尾根筋に沿って高度を稼いでいく。鶯が鳴き、春の山はすでに目覚めている。気温が高くなってきて汗が噴き出す。３００ｍを越えると比較的なだらかになり、３６４ｍのピークを越えると県境に再会する。ここからは一気に尾根を下ることになる。

昔の地形図と最新のＧＰＳ地図では、県境線が違っているのに気付いた。最新の県境を行くことにして下った。しかし途中で尾根の分岐を間違えたようで、一つ北寄りの尾根を下って小さな谷川に出た。この流れが大郷戸ダムになるのだが、この水を利用していた川沿いの田圃は耕作されずに荒れている。すぐにダムの南端に出た。魚釣りする人々を眺めながら、本日の出発地点に戻った。

（２０１６年４月10日）

22　茂木の峠

今回は県境の峠に自転車をデポしてから大郷戸ダムに向かった。大型連休なのでダム湖畔ではキャンプしている家族がいた。私が家族で最後にキャンプしたのはいつのことだったろう。遠い記憶にあるだけで、そこがどこだったのか思い出すこともできない。

後継者がいないからか、耕作をやめた田圃の脇道を県境に向かって歩いた。前回歩いたコースに出て、谷筋をつめて県境に至る。

県境はダムの東側の尾根にあるので、Ｕターンしてダムに戻るようになる。車も通れるような林道に出たので下っていったら、今日歩き始めた時に田圃道から見えていた廃墟の農家に戻ってしまって、無駄足のような思いになるが県境を忠実に歩くという原則なので仕方がない。ここから尾根に登る明瞭な細道を行く。

尾根の上は明らかに人が歩いたような道になっていて歩きやすいが、ところどころ藪が道をふさいでいる。ヤマツツジの花がちょうど見頃である。地図では右手の東側はゴルフ場になっているが、樹木のため見えない。すぐに採石場の上部に出た。断崖のため景色はよく、雨巻山《あままきやま》から加波山《かばさん》そして筑波山が望める。

採石場上部の縁を巡る県境は植生が変化したためであろうか藪が濃くて歩きにくく、しかも断崖は危険なので少し県境を外れて歩く。この選択も不正解で、藪と杉の倒木に難儀した。林道に出て、タバコを植えた畑の脇を通って民家の脇を通って県道に出た。藪漕ぎで体力を消耗したようで、後半は忍耐の時間に堪えた。


県道から雨巻山を目指す。県境は民家の庭から谷筋に延びている。田植えのためにトラクターを運転している兄さんから「ここから雨巻山には登れないよ」と聞かされて、地形図の北側にある破線の道に入っていったが、この方角では県境から離れていくばかりなので断念して戻ることにした。

金場から脇道に入っていったら草刈りをしている人がいたので雨巻山に行きたいと言ったら、すぐそばに登山口の標識があるよと教えてくれた。前半の藪漕ぎでの奮闘が祟って疲れが出てきたが、よく整備されたハイキングコースなので地道に歩を進めるだけで良いのは助かる。

県境尾根に出会い、ハイキングコースの分岐点を三つ通過して、その最後の分岐で県境を離れて雨巻山の山頂に至った。山頂ではハイキンググループの大集会で混雑しているが、

薮漕ぎした採石場を振り返る

撤収を開始していた。山頂を少し離れて休んでいると、大集団は荷物を抱えて下っていった。急に静かな山が戻ってきた。

県境まで戻り、尾根道を下ると朝方自転車を括り付けた県境標識に出た。ここにも雨巻山の登山口の標識がある。次回の登山口を確認して、自転車で大郷戸ダムに戻った。

（２０１６年５月３日）

23　吹田集落

まだ暑い日がある。それでも秋めいてきたので、再び県境歩きに出かけた。今回は高峯と仏頂山を結ぶハイキングコースである。高峯への道は最初から階段状の歩道。整備された階段の道は自分勝手に歩けないのが欠点であり、今回のコースは仏頂山まで延々と階段が続くので少々うんざりした。

しばらく歩くと、展望の良いところに出た。そうだ思い出した、ここはハンググライダーが飛び出すところ。ずいぶん前のことになるが山登りとしてここに来た時に、次から次へとライダーが飛び出していくのに遭遇した。この筑波山を望む景色がこのことを思い出させてくれた。今日は金曜日なので空に舞う人がいないのであろうか。筑波山の上空は秋の雲だ。

高峯の山頂は成長した木々に囲まれていて展望はない。誰もいない。ベンチに腰掛けて休息。今回も来てよかったと思う。最近は、朝起きると出かけるのが億劫になることが多い。それでも家でだらだらしていると、出かけなかったことを反省するのである。

高峯の近くから筑波山方面を望む

高峯を過ぎて奈良駄峠を越え、伐採されたところに出ると展望が開けた。上小貫集落が見える。今回の最後には高峯から北に続く尾根を越え、上小貫集落を通る舗装道路を歩くことになる。この時はそんなことは思いもしなかったのだが。

仏頂山の山頂に近づいたら人の声がする。三人のハイカーがいたが、私と入れ替わるように楞厳寺《りょうごんじ》に下っていった。標識がないので、ここが仏頂山の山頂であるのを間違えそうだが、テーブルとベンチがある。関東ふれあいの道の案内板があるので確かに山頂だ。しかし案内板には「ここは仏頂山の山頂近くになります」と書いてあるのでまったく曖昧な山頂だ。

仏頂山からはハイキングコースに従って南東方角の楞厳寺に向かって下っていきたくなるが、地形図の県境尾根は北北東に延びている。忠実に県境をたどるためにＧＰＳの表示を確認しながら尾根を下っていった。樹木の中ではＧＰＳも不安定になることがある。ここで方角を確認しないで進んでしまった。いつのまにか県境の東側の、地形図に破線がある尾根を歩いていたのであった。そこでこの尾根を下り、西の県境尾根に向かうことにした。

急斜面に難儀しながらも再び県境尾根に出たが、ここでも位置確認を怠ったために県境を離れる尾根に入ってしまった。ずいぶん下ってしまってから間違いに気付いて、県境の尾根に戻ることも考えたが、今回は断念して吹田集落の外れに下山した。三人の農婦が立ち話をしていた。あとで地形図を確認したら、前回このあたりを歩いた時も同じ間違いをしていたことに気付いたが後の祭りである。

吹田から西に延びる舗装道を進み、上小貫の集落に出て、地元の人に訊いて確認してから高峯から続く尾根を越える自動車道をとぼとぼと歩き、深沢に出て更に歩いて、陽の高いうちに今日の出発地点にたどり着いた。次回は楞厳寺から歩き始めて仏頂山に至り、県境歩きを再挑戦して仏ノ山峠に出るつもりだ。

（２０１６年9月30日）

23　吹田集落

下山後の農村風景

24　楞厳寺から上赤沢の峠

12月になり紅葉の季節も終わりかけて寒い日が続いていた。暖かくなるとの天気予報を聞いて久しぶりに県境歩きに出かけた。前回は仏頂山から仏ノ山峠に至る県境尾根を間違えて正確に歩き通せなかったので、この宿題を片付けるために今回は楞厳寺から仏頂山へのハイキングコースから歩き始めることにした。

楞厳寺は国の天然記念物に指定されているヒメハルゼミの発生地として有名である。この日は休日ではないため、楞厳寺の駐車場にはハイカーの車はなかった。寺参道脇のイチョウの葉はまだ落ちずにいて、そこの空間だけが黄色に彩られていて明るい。

雨上がりのぬかるむ谷筋の道を行き、尾根に出ると赤や黄の落葉に覆われた木洩れ日の道となった。ところどころ階段と手すりが整備されている。歩幅を広くしないと進めないので階段を登るトレーニングのような足運びになる。ひたすら頂上を目指して登る。

低山でも自然の中にいるのは良いものである。430・8mの三角点を確認したので、山名標識はないがここが仏頂山の山頂である。更に進むとベンチとテーブルがあるので、手作りのベーコンエッグサンドイッチと林檎を食べた。コンビニのサンドイッチもいいが、自分で作って好みの味になっているのでより一層美味しい。

　仏頂山の山頂から北に延びる県境を歩くためには、三角点から北西１００ｍの地点から北に延びる尾根を行かなければならない。前回はここまで戻らなかったため失敗したのである。県境の標識を見落とさなければ、コースを逸れることもないし、比較的歩きやすくなる。ところが低山といえども侮れないのは、明瞭な踏み跡があるとそれにつられて歩いてしまい、いつのまにか県境ではない隣の尾根に乗っていることがある。間違いに気付いて正しい尾根に出るためには、一旦谷に下りてから再び登り返すことになるが、これが意外に体力を使う。このような時には、来た道を間違えた地点まで戻るほうが楽であることが多い。この山登りの鉄則は、低山といえども従うべきであると実感している。

　今回も、注意してＧＰＳの位置情報を確認していても仏ノ山峠に出るまでに二度間違えて、途中で引き返して修正したのである。こうして仏ノ山峠に至った。自動車道路を作るときに、峠の両側を掘り広げた切り通しであろうと推察できる。そのように言えるのも、県境線の通る峠地点はコンクリートで固められた断崖となっているのを見て、直接自動車道路に下るのは不可能だったからである。そのため迂回して、峠にあるポケットパークに出た。この峠越えの道は古くは下野と常陸の国を結ぶ、主要な街道として栄えたという。

　岡村青著『茨城の峠』（昭和63年発行）によると、この峠には「峠のいにしえの記憶」

というべき伝承があるという。それは車道が開通するよりも大昔の話。昼なお暗い林間の峠道には、物陰から火縄銃で旅人を撃ち殺す凶悪な追い剝ぎが出没した。追い剝ぎには、美しい一人娘がおり、娘は父親の凶行に心を痛めて、何度も止めるように懇願したのだが、遂に聞き入れられなかった。娘はある日、金持ちの娘に変装をして一人で峠を歩いた。父親は躊躇《ためら》いなく娘を撃ってしまった。その娘のなきがらを前に、父親は自らの行いを初めて悔いた。そしてその霊を弔うため、朝日に向かう山の西麓に「朝日堂」を、東の山裾に「夕日堂」を建立し、朝夕合掌してその冥福を祈ったのであった。

ここには仏ノ山峠の地蔵尊も祀られている。安政9年（1780年）に石を削って作られたという地蔵像は高さ2・3m、膝高2・2mもあり、その大きさに驚かされる。

すでに述べたように、仏ノ山峠は両側が断崖になっていて直接県境尾根に取り付けないので、明治時代に開削されたという旧道に入った。断崖がなくなったところから谷筋を登り、足元の県境標識を確認して北に進んだ。このあたりは茨城県側に採石場があり、盛んに岩を掘削する音が聞こえてくる。

幾つかのピークを超えると、上赤沢と下小貫を結ぶ峠越えの道に出会う。ここが本日の終点である。ここから、砕石を運ぶダンプカーが頻繁に行き交う、ほこりが舞う、県境と並行する車道を歩いて楞厳寺に戻った。

（2016年12月5日）

25 花香月山《はなかりさん》

上赤沢と下小貫を結ぶ峠から県境尾根に取り付いた。冬枯れの県境は見通しが良くて歩きやすい。今日は冷たい風が吹いている。私の古い地形図を見ると、この尾根を１９９７年に歩いたことになっているが、今ではすっかり忘れている。ここは特徴のある尾根筋のハイキング道ではなく、どこの茨城の里山にも見られる岨道《そわみち》のようなもの。幾つかの小ピークを越えて焼森山への分岐点に出た。焼森山は栃木県側にあり、県境から離れることになるが立ち寄ることにした。途中で荷を持たない人に出会った。話はしなかったが、その格好から推察すると地元の人であろう。

県境に戻り、鶏足山《けいそくざん》に向かっていくと、今度は一人の女性のハイカーとすれ違った。今回の県境歩きでは、ここまでに出会った人はこれで二人目である。ところが鶏足山は人気のハイキングコースとみえて、このあとで何人もの登山者に出会うことになる。間もなく鶏足山と大沢峠への分岐点に至る。ここから雪を冠った富士山が見えるというので、三人のハイカーが写真を撮ったり、立ち話をしたりしていた。鶏足山（４３０・５ｍ）の山頂からは雪を戴いた栃木の山々が望めた。

鶏足山から急崖を下って北に向かう夫婦連れがいた。この二人も花香月山に向かうのかなと思ったが、山頂北にある護摩焚石が目的だったようで、この先は一人旅となった。この尾根道には、里山を愛する山岳会が付けたと思われる花香月山への道標があるので道に迷うことはない。

平安時代に弘法大師はこの地に滞在して修行をしていて、ある朝鶏の鳴き声がしたので「こんな山に鶏がいるのか」と不思議に思って山に登ってみたら、鶏冠《とさか》の形をした大岩があったので、この岩が鳴いたのだろうと、この山を鶏足山と命名したと言い伝えられている。途中、県境を離れてこの「鶏石」に寄り道した。なるほど、大きな鶏冠ではある。

幾つものピークを越え、杉の木を切り出した見晴らしの良い伐採地を過ぎてもなかなか花香月山に到着しないので、花香月山からは同じ尾根道を引き返して鶏足山に戻るという当初の計画は断念して、時間のかからない麓の車道を帰路に決めた。

途中で倉見山（３９５・１ｍ）を通過して、そうこうするうちに電波塔に出た。この塔は記憶にないので、前回歩いたあとに造られた建物であろう。一旦車道に出て、脇道に入ると再び尾根の道になる。更に幾つもの小ピークを越えて無線中継所に出た。これも記憶にない。この建物の先が花香月山（３７８・０ｍ）であり、見覚えのある送電塔が現れた。ここが本日の目的地である。名前はロマンチックであるが、花香月山の山頂は展望もなく

東に八瓶山《やつがめさん》が見える

期待はずれであることもほとんど忘れていた。

花香月山からは自動車道を下った。ここでは車が一台も通らないので不思議に思っていたら、その理由は下った先の入り口に自動車進入禁止の鎖が通せんぼしていたからであった。

塩子川を越えて、大沢の民家の前を歩く帰り道は、年末の慌ただしさも感じられない、心落ち着く風景であったので、これが思いがけないクリスマス・プレゼントになった。

（２０１６年12月24日）

26　道木橋

　ゴールデンウィークはどこに行っても混雑するので、静かな里山歩きができる県境歩きに行くことにした。花香月山への登山口から歩き始めた。不法投棄防止のためかゲートで一般車両は立ち入らないため、舗装道路でも車を気にしないで坂道を登ることができる。山頂手前で下ってきた人に出会った。山菜採りにでも来たのであろう。今回の尾根歩きで出会ったのはこの一人だけである。無線中継所の鉄塔のところが山頂であると思っていたが、今回初めて花香月山の山頂を確認できた。手作りの小さな標識がぶら下がる何の変哲もないところだ。

　新緑の季節で、快晴でもあるので、気分爽快に歩いていく。体が青蛙のように緑に染まるという表現もまんざら嘘ではないほどだ。相変わらず何度か小尾根分岐地点で迷う。怪しいと感じたら、GPSの地図が示す県境線を信頼して引き返すことにした。これが正解で、あのまま進んだらどんどん県境から離れてしまったであろう。樹木のため展望はないが気分良く歩ける。誰にも会わない静かな山歩きを堪能する。

　高田新田から延びる茂木町道の終点と書かれた標識がある、無舗装の小さな落ち着いた峠に出た。右手に下ると茨城県側の仲郷に至る。この道を横切って県境に沿う崖に取り付く。すぐに送電線の鉄塔が現れたので、その下で手作りのベーコンおかか握り飯の昼食をとる。鳥の鳴き声ばかりが聞こえ、若葉に囲まれてしばらく時を過ごす。

すぐに再び小さな峠に出た。ここは舗装された道となっている。先ほどの峠の方が風情あり。ここでも崖に取り付く。

忠実に県境尾根を進み、県道51号線に至る。見慣れた県境を示す金属製の標識があり、ここが茂木町と城里町の境界になる。県境はコンクリートで固められた断崖なので、北側の沢から入り込み、右側の尾根に向けて一気に登る。

L字形尾根を行くと、すぐに舗装された道木橋という地域に出た。ここが本日のゴールである。いつものように農村風景を楽しみながら、のんびりと歩いて出発地点に戻った。農家の人たちは田植えの準備中で忙しそうである。


（２０１７年５月２日）

27 桧山《ひやま》そして片倉山

　3月末で定年退職して、非常勤嘱託の身分になったので毎日出勤しなくてもよくなった。自由時間が増えたので茨城県境歩きを再開した。寒いと出かけるのが億劫になってしまって、毎年暖かくなった春になってから重い腰をあげるのが常となり、これまで田植えの季節に歩くことが多かった。今回は田植えにはまだ早い。今年は桜の咲くのが早く、咲いたと思ったらあっという間に散ってしまったので、田植えも早まるのであろうか。道木橋集落から歩き出した。今年の冬は雪が降り寒かったのだが、ようやく春を謳歌できるようになったので嬉しくなる。

　このあたりにも猪が出るようで、田圃の周りには猪避けの電線が張り巡らしてある。そんな電線を跨いで県境尾根南側の沢道に入った。右手の沢に入ってすぐの崖を登り県境に出た。このまま県境通りに歩くと再び沢に下りてしまう。そこで少し尾根道を歩いて迂回することにした。新緑が目に眩しい。すぐに291・6mの三角点ピークに出た。ここが桧山の山頂で、山名標識が木にぶら下がっていた。写真を撮ったのだが、カメラが不調で写っていなかったのは残念であった。

　桧山からは県境尾根に沿って歩く。県境を示す標識が良い道案内になってくれるのは何時もの通りである。しかしこの山塊を下る時に尾根を一つ間違えてしまい、県境の北側の尾根を下ってしまった。下りきると桧山川に出た。小さな川なので渡渉して対岸に出ると目の前が舗装された自動車道である。遠くから爆音が聞こえてくるので、暴走族がオートバイを走らせているのかと思った。これはとんだ勘違いで、近くにツインクルもてぎサーキット場があり、そこを走るレーシングカーの発する爆音であった。

　ここからの県境は谷道となるので、倒木や生い茂った灌木との格闘を避けるため、しばらく舗装道路を歩いてから尾根に取り付くことにした。県境西側の尾根を進み、いざ県境線に出ようとしたら、急崖に行く手を阻まれてしまった。なんとか県境の谷に出ようと試みたが薮が深いので断念して舗装道路に下った。

　舗装道路の両側はサーキット場の敷地になるため、やたらに多い立入禁止の看板を横目に道を下った。車には一台も出会わず、相変わらずレーシングカーの爆音が響いている。途中には小さな滝と道祖神があり、二輪草が白い花をつけていた。本日の県境歩きはこの時点で終了することにした。

　戻りの自動車道を歩いていたら人懐っこい婦人に出会い、「私、脳梗塞を患ったんですよ」と話すので、「そのように見えませんよ」と言ったら喜んでくれた。家が近くだから寄って休んでいきなさいと誘ってくれたが、丁重にお断りしてその婦人と別れた。

檜山薬師堂から道らしき踏み跡のある沢に入り込み、更に尾根に出で地形図の破線の道に出て出発点に戻った。


（２０１８年４月13日）


前回（４月13日）に走破できなかった県境線を、７日後に東側から再挑戦して片倉山を経て那珂川に出るルートを歩いた。

県境の桧山川の傍らに尾根に上がれる踏み跡を見つけたので、ここから登り始めた。すぐに尾根に出て、稜線に沿って歩く。ところどころ薮があって難儀することもあるが、概ね予定通り県境線の東側を北東に進む。２０４ｍの小ピークを過ぎて下ると山林伐採のための林道に出る。林道を少し歩いたら方角を間違えていることに気付いたので引き返した。この林道の終点に至ったのは、どこかで道を間違えたらしい。そのまま尾根を進んでできるだけ県境線に近づくことにした。

一旦沢に下って登り返して、片倉山に至る県境尾根にたどり着いた。篠竹が群生する薮と格闘するも、ワラビを採取できる日当たりの良い開けた場所もあった。片倉山は地味な山頂であり、山名標識は取れてしまったのかなかった。樹木に遮られて展望もないので早々に山頂をあとにした。

尾根をどんどん下って御前山から那珂川に沿って通る自動車道に出た。地形図からこのあたりは伊川勢という地名であることがわかった。県境線はここから那珂川に向かって引かれているが急崖で道もないので、初夏のような気温にうんざりしながら自動車道を歩いて新那珂川橋を渡った。

国道沿いの食堂に飛び込んで川海老の唐揚げと蕎麦を食べた。お世辞にもきれいな店ではないが味は抜群で、このあたりで獲れたという川海老は新鮮で美味しかった。

新那珂川橋を渡り返して、前回と同じサーキット場の爆音が聞こえる舗装道路を歩いて本日の出発点に戻ることにした。その途中では新緑の落葉樹の下で横になって、少しばかり昼寝をした。

（2018年4月20日）

28　那珂川から猿久保

栃木の道「山内パーキング」に駐車して、ここから歩き始めた。今回は那珂川にそそぐ八反田川岸に沿って県境を進むことになる。このあたりの茨城と栃木の県境はジグザグに引かれている。その県境の通りに正確に歩くには田植えの準備が済んだ田圃の中を歩かなければならないので断念する。遠回りにはなるが田圃脇の坂を登ってから車道を行くと、集落のはずれに長源寺子安地蔵尊が現れた。この日は弁当を手作りする気分になれなかったので、途中のコンビニで買った握り飯を、この地蔵尊の前で本日の朝食として食べた。昼食もコンビニの稲荷寿司とカレーパンであった。

県境は八反田川に沿って北に延びるが、川沿いの道は途中でなくなる。圷《あくつ》というところから県道を歩くことにした。叶屋には介護施設に利用されている廃校がある。その運動場だったと思われる空き地を通らせてもらって尾根に向かうと、赤い鳥居が現れた。小さな神社の脇から斜面を登って県境尾根に出た。ところどころ篠竹の薮に難儀したり、二度ほど尾根を間違えて県境から離れそうになったりしながらも、標高２６５ｍにある三角点に至ったのであった。

本日は歩けるものなら緒川村のあたりまで行く予定であったが、まだまだ先は長いので尾根からエスケープ（計画が遂行できない場合にすみやかに下山する登山用語）して猿久保に下ることにした。地形図には鞍部に破線の道が示されている。この道は今ではほとんど歩かれていないようで、倒木が行く手を阻むのだが、それでも明瞭な道である。下りきると民家の横に出た。物置小屋の中を通らないと進めないので躊躇した。挨拶して通らせてもらうことにした。しかし家は留守であった。次回はここから県境尾根に戻ることになるので、人様の庭先を勝手に通ることはやめて、県境尾根から派生した、少し離れた小尾根を登ることにしようと思った。

初夏を思わせる暑い日であった。今日も自動車がほとんど通らない舗装道路を延々と歩いて出発点に戻った。

（２０１８年４月29日）

29 滝見谷

猿久保の集落の南に100m下ったあたりから、尾根に向かって傾斜の緩い崖を登った。地元の人が通ると思われる踏み跡があるので歩きやすく、10分ほどで県境尾根に出た。前回のコースを北上して、すぐに前回エスケープした鞍部に着いた。更に尾根筋を北に進むと、標高330mにある三角点に至った。

県境尾根の途中で伐採地が現れて、見晴らしがよいので休憩する。いつもは荷を軽くするためにリュックに入れないアルコールコンロと薬缶を今回は持参したので、湯を沸かしてコーヒーを入れた。

梅雨に入ったが本日は晴天。切り株に腰を下ろしてコーヒーを飲んでいると、野鳥が盛んに鳴いている。このような景色を前にしては心持ちはさぞかしのんびりするだろうと思われるかもしれないが、頭の中ではいろいろな雑念が去来するものである。どうしても見上げた雲のようなふわふわした心境にはなれない。

私が高校生の頃、庄司薫の『赤頭巾ちゃん気をつけて』がベストセラーになり、この小説には「舌かんで死んじゃいたい」という文言が頻繁に出てくるのを今でも記憶している。

切り株の上での雑念によって、その時には「舌かんで云々」に近い心境になったのであるが、時間とともに忘れてしまう程度の、それほど重大なことではない。誰でも「ぎゃっ」と言って飛び上がりたくなるようなことを思い出すのではないかと思っている。

三角点からは北西に向かって尾根を進み、県境が南西に迂回すると自動車も通れる峠に下った。ここにも県境を示す、「ＭＯＴＥＧＩ」と書かれた申し訳程度の小さな丸い標識が鉄柱にぶら下がっていた。この道路の横には伐採木のための搬出道があるので、県境からは少し離れることにはなるが楽をするつもりで入り込んだ。ところがこれが本日の大失敗であった。この搬出道は途中で消滅していた。仕方なく尾根に向かって急崖を登る羽目になった。これで体力をずいぶん消耗してしまった。今回は尾根筋を間違えることもないなと思っていたら、このあと3回も県境尾根を間違えて引き返すことになったのは、疲れて注意力散漫になっていたからであろう。

この季節、植物も成長して薮も深いであろうと覚悟していた。しかし、尾根道は思いのほか歩きやすかった。こうして、やすらぎの里公園から滝見谷の集落を結ぶ自動車道に下ることで、本日の県境歩きの終点とした。養鶏場の前を通り、油河内《ゆごうと》の集落を通過して出発点に戻った。

（２０１８年６月14日）

30　大沢上

5ヶ月ぶりの県境歩きに出かけた。栃木県の滝見谷（地名）にある日陰のために寒々とした印象の大木須パーキング場に駐車して、ここから歩き始めた。県境となる切り通しの自動車道の両側は、どこもコンクリート壁で固められていて登れないことが多い。ここも同じように簡単には登れないので県境線から少し離れた地点から尾根に取り付いた。県境尾根歩きの経験も豊富になってきたので難なく県境ルートに至った。

本日のゴールである大沢上を目指すが相変わらず今回も薮の道で、顔に当たらないように小枝を両手でかき分けながら進むと大規模な養鶏場が見下ろせる場所に出た。11月に入り、見上げると黄色い葉、そして足元にも黄色い落葉。あの暑かった夏が去り、いつの間にか秋になっていた。

前方が開けてきたなと思ったら、そこは植林された杉の伐採作業中でチェーンソーの音が響いている。切り倒される杉の木を見ていてわかったのは、木が倒れるまでチェーンソーで木の幹を切り進むのではなく、最終的には切り口にクサビを差し込んでハンマーで叩いて木を倒すということ。この方が木の倒れる方向を調節できるので安全に作業できる。

すでに作業を終えて展望が開けたもう一つの伐採地を過ぎて、更に進んだところの尾根分岐の二ヶ所で迷ってしまった。ＧＰＳがなければ予想外のところを進むことになり、県境線は歩けなかったであろう。分岐地点あたりで正しい尾根ルートを探して歩き回っているときには少しは緊張感があった。誰にも会わない単調な県境尾根道ではひたすら歩くだけとなる。

日没が早くなって、のんびり歩いていると暗くなってしまうので先を急ぐ。午後3時には鷲子《とりのこ》と烏山を結ぶ大沢上の県道に出て、予定通り本日の課題を達成することができた。滝見谷に向かって歩いていくと、イチョウの落葉で覆われた車道があり、猪避けの電線が張られた畑があり、住む人がなくて荒れ果てた昭和の時代に建てられた家屋があり、太陽光発電所になった廃業したゴルフ場がある。

私が歩いていると必ず吠えてくる犬がどこにもいる。祖母に連れられた男の子には「こんにちは」と声をかけられる。車道のもどり道は誰にも会わない尾根筋を歩くのとは違って生活感があり、このような田舎道を歩くのは苦痛ではない。

（２０１８年11月14日）

イチョウの葉が降り積もった道

31　鷲子山と烏帽子掛峠《えぼしかけとうげ》

前回から4日後に、再び県境歩きに出かけた。今回は鷲子山を目指して歩いて、興が乗って鷲子山の先の烏帽子掛峠までたどり着くことができた。

大沢上集落にある県境峠から尾根に取り付いた。送電線鉄塔への巡視路が現れて、すぐに326mの小ピークに着いた。鉄塔の下で持参したサンドイッチの朝食をとる。パンをかじりながら見上げると、北の方角に飛行機雲が延びている。旅客機の痕跡なのか、それとも自衛隊戦闘機によるものなのか、見ただけでは判断がつかない。このような飛行機雲を見るのも久しぶりである。

送電線鉄塔をあとにして尾根を進む。相変わらずの倒木や小潅木が行く手を阻む。何度か小ピークを越えると舗装された切り通しの峠道に出た。この道を左手に行くと烏山に至る。この峠を通過して、更に県境尾根を北に向かうと、コンクリートで作られた境界標識が現れ、茨城県側の面には美和村と表示されていた。348mの三角点を越えて尾根を下ると、そこは馬頭町に通じる国道293号線である。

地形図には県境から谷筋に破線の道がある。しかしここは歩く人もいないのであろうか草で覆われている。この草に隠れた道を少し進んで尾根に上がった。ここからは藪も少なくなり、迷うような分岐地点もなく、ほどなく鷲子山上《さんしょう》神社に着いた。紅葉の見頃を迎えた神社には多くの参拝客が来ていて賑やかである。

ここの神社は大同二年（西暦８０７年）に創建され、記録によると将軍源頼朝は社殿の修理料を寄進したとのこと。秋11月の第３土・日曜日には夜祭・新嘗祭が斎行され、この日はその新嘗祭の日であった。神社の中央を茨城県と栃木県の県境が通るので、参道の真ん中にその県境を示す看板が出ている。鷲子神社がどちらの県に属するのかもめているというような新聞記事を読んだことを思い出した。

鷲子神社を参拝してもまだ時間の余裕があるので、県境尾根を更に進むことにした。林道に出て、これを越えて更に歩くと鮮やかな赤を見せる紅葉に出会った。これまでは黄色の葉ばかり見てきたので、この赤はとても新鮮に感じる。このあたりで少し遅い昼食とする。今回は手作りの弁当を持参した。カブの葉を塩漬けしてから細かく刻み、これを混ぜ込んで炊いたもち米ご飯に、これも手作り味付けした焼肉とナポリタンの弁当である。実験室で試験管を振ったり、メスシリンダーで水の体積を量ったり、ビーカーに入った試料溶液を加熱したりする、煮たり焼いたりするような仕事をしてきたので、そして食いしん坊なので料理をするのは苦痛ではない。

伐採地を通り、山名標識に前山とある標高474mのピークを過ぎる頃には日も傾いてきた。秋も深まり日が陰ると急にあたりは侘しい景色となる。2本の送電線の下を通過して、本日の終点である舗装された幅の狭い峠道の烏帽子掛峠に着いた。

ここには文久二年（1862年）に設置された馬頭観世音の石碑がある。あとで歴史を調べたら、この年は江戸幕府による文久の改革が行われ、8年前の開国以降の政治混乱を収束すべく、人事改革や参勤交代の緩和などの制度改革が実施されたという。5年後には幕府が崩壊することになるので、改革の成果はいかばかりであったことか。このような時代から烏帽子掛峠は存在していたことを知ると、なんの変哲もない峠道も印象が違ってみえる。

烏帽子掛峠からは自動車道を進んで途中から林道に入り、更にひたすら歩いて再び国道293号線に至り、そうして出発地点に戻った。最後の車道歩きで慰められたのは、ほとんど葉を落としても果実をたくさん残している見事な柿の木が、民家のそばに幾つも点在していたことである。

（2018年11月18日）

32 尺丈山《しゃくじょうさん》と新田山《しんでんやま》

そろそろ紅葉も見納めかなと思い、再び県境歩きに出かけた。烏帽子掛峠に置かれた馬頭観世音の石碑に一礼して尾根に登った。県境をたどるルートは、これまで歩いてきた馴染みの景色であり、どうしても小進木の枝を避け倒木を乗り越えなければ進めない。まもなく「473・3m　RK」と書かれた標識のある三角点に至った。朽ちかけた木製の標識が落ちていて、そこに書かれた「烏帽子掛ノ頭」の文字がかろうじて判読できた。この地点は馬頭観世音の石碑が設置された文久の昔から、烏帽子掛ノ頭と呼ばれていたのであろうと想像してみた。

今回の県境ルートには伐採地が多くあり、途中の展望がすこぶる良い。ここにはピジョン美和の森という育樹地もあり、この地域は林業が盛んなのであろうか。伐採地から谷を隔てて望む尾根が尺丈山の山並みである。メルヘンチックな木々と童話にあるような小屋が見えるので写真を撮った。あとでここが尺丈山百樹の森というログハウスのある展望広場になっていることが判明。

広い林道に出ると、そこには尺丈山頂への標識があった。記念植樹の森を抜ける林道を登りきるとすでに述べた展望広場になっていて、そこからは何度も歩いたことがある奥久慈男体山と籠岩がよく見える。これから目指す八溝山《やみぞさん》も見えるが、まだまだ遠い。広場からは歩いてすぐに尺丈山神社が現れ、ここが尺丈山の山頂である。ここも展望に優れている。

尺丈山を過ぎて再び現れた伐採地でりんごを食べていると、かすかに吹く風にたくさんの落葉が舞っている。次から次へと空に舞うその姿を見ていると、役目を終えた木々の葉がその生を終えて旅立つようで、著名なフランスの詩を思い出させてくれた。

秋の日の　ヴィオロンの　ためいきの　身にしみて　ひたぶるに　うら悲し。
鐘のおとに　胸ふたぎ　色かへて　涙ぐむ　過ぎし日の　おもひでや。
げにわれは　うらぶれて　こゝかしこ　さだめなく　とび散らふ　落葉かな。

ポール・ヴェルレーヌ『落葉』（上田敏『海潮音』）より

ある曇り空の下、フランスの町中にたたずむ一人の詩人がバイオリンの音を聴いている情景をこの詩は想像させるが、私が遭遇した落葉は晴れた空に舞う明るい印象であり、ヴェルレーヌの感傷とはまた違っていた。

更に尾根を進む。しかし何度か尾根分岐点で県境から離れているのに気付いて、磁石とGPSの地図を確認して間違えた地点まで戻ってから正しい県境尾根に進むことになったのは毎度のことである。何度も間違えてつくづく思うのは、GPSがなければこの県境歩きも相当困難なものになったであろうということ。

展望のない新田山の山頂に到着。ここが本日の県境道終点である。山頂から南西に延びる小尾根を通って地形図にある林道に下った。更に進んで自動車道に出て、山村の風景を眺めながら、ぽっこり〳〵と歩く。

途中で大那地のお地蔵さんに会う。那珂川町は「日本で最も美しい村」と書かれた看板を見る。「えぼしの里」という訪問者もいない、寂しい遊歩道がある公園を通り過ぎて烏帽子掛峠まで戻った。

（２０１８年11月28日）

33　境明神峠《さかいのみょうじん》

大子の道の駅から西に向かって車を走らせ、上郷集落から相川新田に向かって歩き出した。この道は行き止まりであるが立派に舗装された自動車道路である。

地形図にある相川を越えて新田山に向かって延びる林道を探したが見当たらないので更に進むと、御神楽橋の手前に林道が現れた。その入り口には御神楽石の伝説を説明する立看板があり、

「昔、相川の野内某なる者が栄えていた頃、この座りのよい珍石を庭石にしようと企て、村の衆の助けを借りて数丁ほど運び出したが暗くなり、その日はそのままにして帰り、翌日再び行ってみると、石は元の場所へ戻っていた。村の衆はこの奇怪さに畏れをなし、運び出すのを思いとどまったという

（明治45年6月依上村・名所旧跡　天然記念物調査報告書控）」

と書かれていた。この林道を進むことにして、看板に書かれていた700mほど行ったところで御神楽石らしきものを見つけた。想像していたよりも小さな石で拍子抜けした。

天狗山

本当の御神楽石は更に別の場所へ戻ってしまったのであろうと思うことにした。

更に進んだところに現れた杉の伐採地は、棘のある低潅木が生い茂っていて歩きにくい斜面である。棘地獄を過ぎて尾根に至り、更にひと登りすると新田山の山頂（４９３ｍ）に着いた。３ヶ月ぶりの再訪である。まったく展望はない。

今日は終日曇り空で、しかもこのあたりの県境の尾根道は薮が多くて、気分は沈みがち。県境を外れないように注意しながら歩いていても、三方に尾根が分岐する地点では薮を避けて歩きやすい方に進んでしまい、ついつい間違った方角に行ってしまう。このような分岐地点ではＧＰＳと地形図とコンパス（方位磁針）を使って確認して進路を修正するようになったのは、県境歩きを続けてきた学習効果である。

今日歩き始めた上郷の西側には山越えの細い舗装道路が通っていて、この尾根の東側に見える２軒の民家の生活道路なのだろう。県境はこの道を越えて北に向かっている。

変化のない尾根歩きに飽きてきた頃に、３０５・８ｍのピークに到着した。ここは天狗山という山名標識が木に括り付けられていた。天狗が住むような急峻な山の形状ではないので、この地域に独特の天狗伝説があったのであろうか。

境明神峠の手前にある民家を見下ろす

天狗山を過ぎて、30分ほど歩くと右手の眼下に民家が見えてきた。まだ春は感じられない景色ではある。目的地の境明神峠はすぐそこである。

境明神峠に下り、県境を離れて自動車道を歩いて橋場、高内、宿の集落を過ぎ、民家には桜の木が多い相川川沿いに進み、暮れかかる上郷に戻って本日の歩き旅を終えた。

（2019年2月26日）

34　石尊山

大子の町は常陸国ＹＯＳＡＫＯＩ祭りに参加する、奇抜な服装の若者たちで賑わっていた。そのような人たちを脇目に見て境明神峠に向かった。境明神峠神社の鳥居を潜り、尾根に出て２７８・２ｍ三角点で方向を間違えて県境を外れてしまった。すぐに修正して３０８ｍの小ピークに至った。ここから左側にはゴルフ場が広がり（私の古い地形図では宿という小さな集落であるが）、立ち入り禁止の柵と猪避けの電線が張り巡らされている。日曜日なのにゴルファーの姿が見えない。県境はゴルフ場の途中から東に折れ、石畑を通る県道に下る。

今日は疲れが感じられて、県道から杉の木を伐採するために作られた石ころの道を登る足取りが重い。３５１ｍのピークに出るが、展望は望めないことはこれまでの経験でわかっているので落胆することはない。ＧＰＳとコンパスを頼りに尾根を間違えないように歩いていくと、今回の目的でもある石尊山（４２０・７ｍ）に到着した。ここも展望はないのではあるが、清々しい五月の風に吹かれ、野鳥のさえずりを耳にしていると一時の幸せを感じるのであった。

石尊山というのはよく聞く山の名前なので調べてみたら、その数は12座で茨城には2座ある（もう一つは日立市十王町にある）。インターネットの記事を引用すると次のように記述されている。

「石尊信仰とは、神奈川県伊勢原市にある大山阿夫利神社《おおやまあふりじんじゃ》を中心とする山岳信仰のこと。現在の阿夫利神社は明治の神仏分離令によって新たに建てられた神社である。古くは大山（丹沢山地の南東部の山。標高1251m。厚木市、伊勢原市、秦野市にまたがる）山頂の石尊大権現と山腹にあった大山寺が信仰の中心であった。石尊の名前の由来は山頂の岩石による。山の頂の岩に神々が降りると信じられていたため、石尊の名がついたとされる。ここでいう神々とは、大山が雨降山《あふりやま》と呼ばれていることからも分るように、農耕の神、雨乞いの神である。」

ここの石尊山の山頂には大きな岩石らしきものはない。小さな岩ならあたりに転がっていた。途中の尾根筋には岩場らしきところもある。昔はこの地域の雨乞いの神として崇められていたのであろう。

石尊山から北に向かう県境尾根は関ノ田和を通る県道に行き着く。しかしここまで歩いてしまうと本日の出発点である石畑まで戻る距離が長くなってしまうので、地形図を眺めて大道沢に沿って作られた林道を下ることにした。しかしそのエスケープ地点からの距離が長かった。幾つかの小ピークを上り下りしているとうんざりしてくるのであった。慰めはところどころで現れてくれる落葉樹の若葉である。

　数日前のことだが自宅で緑茶を淹れようとして少量の熱湯を足の甲にかけてしまった。水ぶくれが破れて赤くただれていて、それをかばうように歩いてきたのが原因なのだろう、本日の県境歩きも終わりかける頃になると右足の太腿あたりが攣るようになってきた。これまで足が攣るようなことはなかったと思いながらも、軽度な痛みなので筋を伸ばすように歩いていたら攣らなくなった。

　栃木県側にある大道沢の林道を黙々と下り、市場地区からは県道を進み、清水、中居、平渡土の集落を通過して石畑に戻って本日の県境歩きを終えた。次回は茨城県側の宿集落から林道を歩いて県境尾根に取り付き、高戸山を経て花瓶山《はなかめやま》まで行くつもりだ。

（2019年5月19日）

35　高戸山から花瓶山を越えて

2年ぶりに県境歩きに行くことができたのは山仲間のシモンさんに声をかけてもらったおかげである。やっと重い腰を上げることができたのであった。関ノ田和の県境トンネルから高戸山と花瓶山を経て、八溝山手前まで二人で歩いた。前回は大道沢に沿う林道を下ったので、左貫からトンネルまでの県境の一部を歩くことをスキップ（省略）することになった。そこで後日、シモンさん主催の茨城の山探検に参加して大子の稲荷山に登ったあと、このスキップ区間を歩いた。そのため日付が前後することになるが、まずはこの短い県境ルートを記述する。

関ノ田和の県境トンネル手前を通る県道を下って関ノ田和の集落を過ぎ、宿から県境尾根に向かった。これまではハンディＧＰＳを頼りにしていたが、山の中では不安定で現在位置の確認に問題があった。最近スマホを入手したので国土地理院の地形図が表示されるスーパー地形という便利で、しかも人工衛星捕捉が安定しているＧＰＳ地図アプリを活用している。この地図アプリは本格的なＧＰＳ機能を搭載していて、オフライン（圏外使用）にも対応している。電波が届かない場所でも現在位置を確認できることから、登山などアウトドアで活用されている。

かくして、なんなく前回の県境歩き終了地点に着いた。ここには馬頭観音の石碑が横たわっている。今では車が通れないような峠道を歩く人も少ないが、昔の人は馬をひいてこの峠を越えていたのであろう。

県境尾根は植林された杉とみずみずしい緑の葉をつけた落葉樹が続き、展望はないが歩きやすい。358mのピークを越えて、もう一つのピークを過ぎると車も通れる、私が持参した古い地形図にはない道に出た。もちろんスマホの最新地形図にはこの道が表示されている。

更に幾つかの小ピークを上り下りする。途中の尾根分岐で二回ほど県境を外れたが、スマホアプリのおかげで事なきを得た。県境はトンネル上にある旧道に至る。この道はどういうわけか通行止めになっている。道端にはシャガの花が咲いていた。

（2021年5月9日）

シャガの花を見た日から遡ること4日前の子供の日に、すでに述べたようにシモンさんと関ノ田和の県境トンネルから高戸山と花瓶山を経て、八溝山手前まで歩いた。

関ノ田和県境トンネルができたために通行止めとなった、草むした旧道を進み、県境の

伐採地

尾根に取り付く。ここにも三角形をした馬頭観音の石碑がある。高戸山も花瓶山もすでに登ったことがあるシモンさんが先導してくれる。

尾根道をひたすら登り続けて標高５８１・２ｍの高戸山に到着した。この山は県境から離れたところにある。まったく展望はない。

今回はツツジの花が咲いていることを期待していたが、まだ蕾の状態であった。それでも一本のシロヤシオは見頃だった。

何度も上り下りを繰り返し、途中で2回ほど尾根分岐を間違えて引き返した。伐採地に出ると一気に眺望が開けた。これまでには手入れされずに放置された植林地を通過したこともあるが、この地域では林業が盛んなのであろう、山の手入れが行き届いている。

ようやくという思いで花瓶山（６９２ｍ）に到着。この山頂も成長した木々に阻まれて眺望はよくない。花瓶山は栃木百名山の一つである。従兄弟から頂戴した筍を使って手作りした筍ご飯を食べながら昼食休憩をとる。後半のルートは私が先頭となって歩くことにしたのだが、最初から進路を間違えてしまった。

花瓶山の山頂を下っていくと大きな捕虫網を持った青年に出会った。話しかけたら、花瓶山周辺の昆虫の生態を調査しているという。奇特なことである。インターネットを通してシモンさんのことはよく知っていて、お会いできて光栄であるという。記念写真を撮って別れた。

山火事の跡地を過ぎて、次郎ブナに出会った。老木の太い幹が長い風雨に耐えてきたことを物語っている。この先には太郎ブナがある。看板には「太郎ブナの2世」と書いてあるので、太郎ブナは倒れてしまって幼木が植えられていることがわかる。

朝は晴れていたのにこの頃になると雨が降り出した。幸い小雨程度であるが、午後3時までにはゴールしたいので先を急ぐ。

再度の伐採地を通り、尾根分岐で迷いながら、アップダウンが辛いねなどと言いながらも、大子町から栃木県大田原市を貫いて那須町に至る県境峠に着いた。6時間8分かけて11・8kmを走破して、本日予定していた山行を終えた。さて、次回は茨城県の最高峰八溝山に行くことになる。

（2021年5月5日）

36　八溝山

梅雨に入り、空模様が怪しい。雨が落ちてきても、薮に付いた水滴で衣類が濡れるのを避けるために雨具を着用して歩き出した。今回は茨城県の最高峰である八溝山を目指す。植林された杉が伐採されたところから、雨雲がたれこめる八溝山の山頂を望む。歩く人もいるとみえて、県境の尾根は踏み跡がはっきりしている。７１８ｍのピーク地点あたりで林業のために作られた林道と合流する。

このあたりの県境尾根はところどころ笹薮に覆われていて、これまでの尾根道とは違った雰囲気である。林道と笹に覆われた道では歩きやすさが違うが、これはこれで変化があるので不満は言えない。林道は途中で県境を離れるので、再び尾根に取り付く。

山頂から栃木県側に延びる舗装された自動車道を2回横断すると三県境界地点に至る。すなわち茨城と栃木と福島の県境が交差する地点である。これまでに五霞町で千葉と埼玉と茨城が、渡良瀬遊水地で埼玉と栃木と茨城の三県境界地点を通過したはずであるが、いずれも川の中であるため何ら感慨を覚えることもなかった。今回の三県境界地点には、誰が取り付けたのかわからないが立派な標識が木に括り付けられていた。ここからは福島県との境界線を歩くことになる。

自動車道を右手にして笹薮を進むと、天守閣を模した展望台の建物の脇に出た。担いできた荷を山頂に置き、今では無料になった展望台に登ってみると、すこぶる見晴らしが良い。低くたれこめた雨雲の下に大田原や那須塩原の栃木の町が広がる。

こうして本日の目的を達成したあとは、自動車道を少し下ってから道なき笹に覆われた尾根を下って、ところどころ崖崩れがある沢沿いの林道を進むことで近道して出発地点に戻った。

（2021年6月24日）

37　大神宮山（746・2m）

山仲間のシモンさん主催の「茨城の山探検」に参加して、八溝山の山頂から県境尾根を大神宮山まで歩いた。今回はシモンさんの山行報告（ibarakisimon.cocolog-nifty.com）を以下に一部引用させてもらって県境歩きの記録とする。

第96回「茨城の山探検」オープン山行の記録（八溝山サイクル登山）

今回は八溝山のサイクル登山ということで、八溝山山頂から池の平↓高笹山↓大神宮山と尾根縦走し唐竹久保へ降りました。サイクル登山と言うのは一等～四等までの三角点を順序は関係なく巡る登山で、今回巡った三角点は下記の通りです。出発点は一等三角点のある八溝山山頂で、下山地点は唐竹久保です。

山名	三角点	三角点名	標高
↓ 八溝山	一等三角点	八溝山	1022・0m
↓ 池の平	三等三角点	池の平	879・8m
↓ 高笹山	三等三角点	大笹	921・6m
↓ 無名のピーク	四等三角点	入山	739・5m
↓ 大神宮山	二等三角点	中郷	746・2m

余談ですが、八溝山系で山名と三角点名の食い違いがあります。八溝山の尾根の繋がっている東方向に「大笹山」（福島県側）と言う山があります。ここに二等三角点が設置されていますが、三角点名が「高笹山」となっています。一方今回通過した「高笹山」には三等三角点があり、三角点名は「大笹」です。ということは地形図に記載されている山名の「高笹山」と「大笹山」で三角点名が取り違えられている（またはその逆）と言う訳です。これと似た例は「篭岩」の三角点名が「武生山」となっていることです。

八溝山系のサイクル登山としてもう一つ考えられるのは「八溝山」（一等三角点）↓「鬼ヶ頰」（三等三角点）↓「大笹山」（二等三角点）↓「山裾に幾つかある四等三角点の一つ」と言うものです。四等三角点のどれを選ぶのが良いか検討が必要です。またルート的にも長いと思いますが興味はあります。

天気は曇りで昼過ぎに一時小雨がありましたが問題なしでした。ただ紅葉が映えず残念でした。今回の参加者（15名）。

出発点に看板がありました。12ｋｍを3時間40分は普通の登山者には無理な時間でしょう。いつもは風に吹かれて葉が落ちている山頂付近の紅葉が残っていました。

池ノ平の三角点チェック。登山道は笹藪が濃いです。高笹山の標識のあるピークですがここには三角点がなく、もう少し先のピークにあります。高笹山の三角点「大笹」。「入山」四等三角点。この三角点はピーク上でなく斜面上に設置されていますが、どうしてこの位置にしたのかよくわかりません。場所の見当を付けて大勢で探したので直ぐにわかりました。笹藪のないところなので見つけ易かったです。

大神宮山に近づきましたが、林道が出てきました。やっぱり笹藪です。大神宮山到着。ここは伊勢神宮の遥拝所で、それを記した穴の開いた石碑がありました。二等三角点チェック。大神宮と言うのは伊勢神宮の事です。山頂から南側の眺め。男体山など見えています。降りは登山道から離れて県境尾根を次の降り尾根まで藪を漕ぎながら行きました。

昨年下見した時はとてもきれいな紅葉だったのですが、今年は少しまだ早かったようで残念でした。コシアブラの林の黄葉がきれいでした。無事に山行も終わり、参加者の皆様方のご協力に感謝します。

以上でシモンさんの報告書からの引用を終わり、最後に私が撮影した三角点の写真を掲載する。

（2021年10月31日）

37　大神宮山（746.2m）

出会った三角点たち

38　唐竹久保から大神宮山（397・2m）

唐竹久保の集落には八溝保勝会が立てた八溝山ハイキングコースの案内板と石碑がある。手書きのルート絵図はほとんどペンキが剝がれ落ちて判然としないが、高笹山は別名が笹々岳であるのがわかる。大神宮山にも別称があるようだが判読できない。唐竹久保登山口から高笹山を経て八溝山まで12kmと表示されていて、70m先を左に進めとあるが、私は沢沿いに右手に進んで尾根に取り付いた。

一時間ほどひたすら尾根に沿って登ると県境に出た。昨年の茨城の山探検で八溝山から歩いてきて、ここから県境尾根から外れて唐竹久保に下った地点である。福島県側は矢祭町になる。

今回の県境尾根はシモンさんが言っていた通り、小灌木の枝が伸びる薮に覆われていて大いに難儀することになった。ちょうどヤマツツジの花が咲いているのが唯一の慰め。送電線の鉄塔を越えるあたりから薮は薄くなってきた。これで薮漕ぎから解放されると気が楽になったが、このあと更に手ごわい薮が待ち受けているとは思いもしなかった。

尾根を下って、唐竹久保から茗荷に通ずる山越えの自動車道（県道196号線）に出た。

ここから再び県境尾根に上ると、このあたりは薮も少なく歩きやすい。

途中で倒木に腰を下ろして早い昼食をとっていたら、不思議な模様を背に描いた虫がズボンの上を歩いているのに気付いた。口の周りが髭で覆われて、小さな点のような二つの目を持つ、ユーモラスな顔に見える。外敵から身を守るための工夫なのだろうか。


食べ終えてしばらく進むと、なぜこのようなところにあるのだろうと訝しくなる石碑が出現。かろうじて観世音という文字が読める。文久と彫られているようにも見える箇所もあるので、江戸時代に設置されたのであろうか。ここから更に進んで古屋敷から北に延びる舗装道路に下った。

大神宮山は二つある。前回通過した746・2mのそれと、これから向かう県境から外れて、福島県側に300mほど歩いたところにある大神宮山（397・2m）である。なぜ同じ名前の山が近くにあるのか。この疑問に答えてくれる情報が山頂にあるのかもしれないと思い、県境歩きの目的からは外れるが寄り道をすることにした。分岐

背中に顔がある

地点を間違えて少し戻ったが、難なく大神宮山の山頂に着いた。樹木に囲まれて展望はなく、三等三角点と小さな木製の山名標識がある地味な山頂である。ここには大神宮山が二つある理由を教えてくれる情報はなかった。

県境尾根に戻り、東側（福島県側）の植林された杉が伐採されたところに出た。伐採地に生えることが多い棘のある小灌木と蔓性の低木に手足をとられて、蜘蛛の巣に捕まった蝶のようにもがくだけで前に進めない。悪戦苦闘してどうにか棘地獄を抜け出すことができたときには、県境歩きを続ける意欲も薄れてきた。まだまだ久慈川まで距離はあり、たとえ久慈川までたどり着いたとしても出発地点の唐竹久保に戻る必要があるので、このあたりで県境尾根から離れて、自動車道（北吉沢下野宮線）に下った。

地形図にある止屋場、古屋敷を過ぎ、宮古山を右手にして歩き、初夏のような気温の中、出発点に戻った。

今回の山旅では、山の中では誰にも会わず、下山後に唐竹久保と茶味内を歩いていたときに二人を見かけたのみ。遭遇した自動車が三台であったのを記憶できたほどの静かな里山の旅であった。

（２０２２年５月４日）

39　久慈川

今回の県境歩きは気分を変えるために、電車を利用することにした。水戸からＩＣカードで乗車したので無人駅の水郡線矢祭山駅では精算ができず、運転手に乗車証明書を書いてもらってから電車を降りた。朝から今にも雨が落ちてきそうな空模様であったが、矢祭山駅に着く頃には青空が広がっていた。

駅前を通る国道を５００ｍほど大子方面に戻り、右折して矢祭川に沿って自動車道を行く。福島県矢祭町の谷地下と内川の集落を過ぎて、林道（内川・平畑線）に入った。

未舗装の林道を登っていくと、ちょうど食べ頃のキイチゴが実っていたので少し頂戴した。黄色い実は摑むと、どうぞ食べてくださいとばかりにポロリと枝から離れて、それを口に入れるとほのかな甘さが感じられる素朴な味だ。

入り込んだ林道は途中で谷に沿って大きく曲がる。その二つ目の谷筋を越えた先にある尾根に取り付いた。ひたすら県境を目指して尾根筋を登ると、むき出しになった大きな岩が重なり合うところに出た。ここには道祖神が祀られていて、驚いたのはその姿ではなく、道もなく、今ではだれも訪れないようなところに置かれていることだった。外からやって

矢祭川に沿う道を行く

くる疫病を防ぐために置かれたのだろうか。この道祖神を設置した時代にも、コロナウイルスのような疫病が、蔓延していたのかもしれない。

駅から歩いて2時間で茨城と福島の県境に到着した。前回歩いたときに見た県境標識に再会。「こちら側が矢祭町ですよ」と主張するかのように、福島県側にのみ「矢祭町」の表示があるが、茨城県側になる西面にはなにも書かれていない。

県境に沿って尾根を行く。前回に踏破した尾根を過ぎて新たなルートに突入する。前回のような藪漕ぎをするところも少ないが皆無ではない。茨城県側には舗装された道路が県境に沿うように通っている。ここを歩いてもいいのだが、あくまでも県境を歩くことがテーマなので藪があっても県境尾根を忠実に行く。

この日最初に歩き出した林道（内川・平畑線）は県境を越えて茨城県側の大草に至るので、この県境尾根を更に進むとこの内川・平畑林道に再会することになる。なんのことはない、大きく迂回して元の道に出ただけである。このあとは茨城県側にある舗装道路（北吉沢下野宮線）が傍らを通るので、この右下に見える道路に沿うように歩くことになる。

大子町高田には集落が点在する。森の中には墓地がある。享保や文久の文字が刻まれた江戸時代の墓石、明治の墓石もある。大きな陸軍歩兵の墓は昭和であろう。

高田地区にある熊野神社の境内には青面金剛像《しょうめんこんごうぞう》が建立されている。案内板に書かれていたことを以下に引用する。

「青面金剛像

六十日に一度巡ってくる庚申の日に、その夜は眠らずに過ごして健康長寿を願う信仰である。その夜に眠ると人間の体の中にいる三尸《さんし》の虫が昇天して天帝にその人の罪過を報告し、生命を縮めてしまう。この三尸の虫が天帝に報告できないようにするために、その夜は眠らずに過ごすという信仰である。

青面金剛像は、三猿（見ざる・聞かざる・言わざる）を刻んだ石の上に立ち、ふかふかの帽子をかぶり、忿怒の顔つきをしている。左の第一手に弓、右の第一手には弓矢を持ち、第二手は合掌、右の第三手に剣を持ち、左の第三手には女人をぶら下げている。」

とても興味深い金剛像ではあるが、弓矢や剣を持ち、髪の毛をつかんで女人をぶら下げているので恐ろしい。

本日の里山歩きも終盤に近づき、竹林が現れ、伐採地から民家を見下ろしていたら懐かしい気分になったのは、もしかしたら青面金剛像の影響かもしれない。

遠く緑の山並みを望み、大きな銀杏の木が迎えてくれて、国道118号線に出た。久慈川を横切る県境線を想像し、次回に登ることになるだろう尾根を眺めて本日の目的は達成した。

熊野神社の境内にある青面金剛像

国道を歩いていると久慈川の中では鮎を釣る人が見える。釣り上げるところを見たくてしばらく見物していたが、釣り人は竿を振り回しているだけであった。

帰りの電車が来るまで1時間以上あるので、矢祭山駅前の食堂で焼き鮎を肴にビールを飲んだ。

これまで履いていた山靴の底に穴が開き、くるぶしの部分が破れてしまったので、今回は冬山にも使える本格的な革製登山靴を履いてきた。履きなれた靴であるはずなのに、靴擦れで左足の踵が痛い。新しい軽登山靴を新調しよう、そんなことを考えていた。

（2022年6月5日）

40 高久《たかく》

猛暑も収まり秋の気配が感じられるようになってきた。矢祭山駅から少し離れたところにある広い駐車場から、曇り空の下、久慈川沿いに歩き始めた。ＪＲ水郡線の鉄路を二度横切り、高地原という集落を過ぎて細道を進んでいくと、草生《む》して幅の狭い荒れた林道になる。久慈川を越えた県境線は急な尾根を上がっていくが、この尾根に取り付くには一旦手前の谷まで下ることになる。このためには藪をかきわけて見るからに急峻な斜面を降りなければならない。そこでこの斜面は避けて県境尾根の北側を走る沢を登ることにした。

沢は水が枯れてはいるものの、大小様々な岩が転がり、小灌木が行く手を阻むので歩きにくい。数百メートル進んだところで谷は二手に分かれていて、右手の沢のほうが小さいのでここを登ることにした。

ところがこの沢はすぐに急崖となり、これをがむしゃらに登ろうとしたのがいけなかった。足場が悪く進退窮まり、おまけに蔓に足を絡めてしまって滑落しそうになる。こんなところで足を挫いては誰も助けてくれないので、慎重に後退した。ズボンが泥だらけになり、しかも岩角に引っ掛けてかぎ裂きを作ってしまった。

久慈川を越える鉄橋の後方に県境尾根を望む

単独行の欠点は、怪我をしても自分一人で対処しなければならないことである。今では非常時には携帯電話で家族に連絡することはできるが、そこの電波状態が悪くて電話が通じないことにも覚悟する必要がある。これは自己責任というだけでは解決できない、単独行の長年の課題である。体調や体力と対話して無理をしない、迷ったら現在地点が明確なところまで戻る、日が暮れる前に歩き終えるようにして、計画途中でも断念してエスケープすることを厭わないように私は心がけている。

滑落しそうになりながらも緩やかな斜面を見つけてそこを登り、どうにか尾根に出ることができた。この時点で体力を使い果たしたような疲労感に満たされてしまって、今回の長距離歩行は無理だろうと思い始める。それでも歩きやすい県境尾根を歩くと気力が湧いてきた。

４１８・６ｍの四等三角点ピークには祠が鎮座し、南東の方角が開けて二つ先の尾根中腹に茶畑のような緑地が望める。

県境尾根を更に進む。３７４ｍのピークを過ぎて、更に二つ目のピークを越えると県境は谷筋を通る。再び沢に難儀しながら歩くのも嫌になり、幸い高久の集落に向かって細道が延びているのでここで今日の県境歩きを終えることにした。

下野宮駅で郡山行の電車を待つ

江戸時代からある、戦死者を祭る碑がある墓地を通って舗装道に下った。この頃から晴天となり、気温が上昇して夏の陽気に変わって汗が噴き出す。稲穂が黄金に実り、方々で稲刈りが始まっている。

小旅行の気分で長崎、桐ノ草、毛内《もうぢ》、生毛内《しょうじょうぢ》の集落を通って下野宮駅に至る。ここから一駅ではあるが電車で矢祭山まで戻ることにした。次の郡山行の電車が到着するまで1時間以上あるので、誰もいないことを幸いにして無人駅のベンチで横になって空を眺めていた。

（2022年9月11日）

41　石ケ久保

前回の終点である高久集落から歩きだした。見覚えのある墓地を過ぎて、はっきりしている尾根道を進み、途中から右手の県境に向かって広々とした斜面を下る。難なく県境に至る。

沢に沿って明瞭な道が続いていて、前回の沢路に比べると歩きやすい。途中で小休止。小さな沢の流れる音が清々しいので動画を撮影してみた。静寂の中、せせらぎと鳥の鳴き声だけが聞こえる。紅葉は始まったばかり。

沢は二手に分かれ、左は檜山（５０９・７ｍ）に向かうが、県境は右の沢に続く。沢は再び分岐して、ここは左を行く。ここまでは順調に歩いてきたが、ここからの沢路は成長したヤマアジサイが道を塞いでいて難儀した。

やっと尾根道に出ることができると、本来ののんびりした歩きが復活する。送電線鉄塔を越える。こんなところにと思えるような場所に石碑が出現した。長年の風雨に晒されて刻まれた文字は判読できない。傍らの割れた茶碗には赤い龍が描かれている。

更に進む。突然、前方に人影を認める。それは地元の石ケ久保の人で、「とれたかな」

ここを県境線が通る

と声をかけてきた。どうやらキノコ採りと間違われたようだ。県境を歩いているだけで、キノコ目的ではないと話した。立ち話を続けて、手にした袋の中のムラサキシメジを見せてもらった。5歳年上のこの御仁は「こんなところで会うなんて、何かの縁があるのだろうね」と話した。この県境歩きを始めてから久しいが、このような場所で人に出会うのはほとんどなかったので嬉しくなった。

石ケ久保の421mピークで下るべき尾根を一つ間違えて、県境を外れてしまったのに気付いたが、引き返すのはやめてそのまま下って自動車道に出た。そこから地形図にある実線の道を行くも、途中で道が薮に埋もれているので断念。この日は佳老山《かろうさん》まで行くことを計画していたのだが、それもここであきらめた。

外大野や八切（やぎり、やきれ？　何と読むのか）を通って出発点に戻った。

（2022年10月28日）

42　観音山

　茨城県には千メートルを超える山は八溝山のみで、その標高はたかだか１０２２ｍであるからこのような県境歩きができる。長野県などの高山を擁する県では危険な箇所も多いため、県境を歩き通すことは極めて困難であろう。日本地図を眺めてみると、ハイカーが気軽に県境を歩き通すことができる都道府県は数が少ない。茨城の山間部にある県境は尾根の上を通ることが多いので、県境界を示す標識が絶好の道標になってくれている。前置きが長くなったが、今回は石ヶ久保から観音山までの県境を歩いた。途中で県境から外れて福島県の佳老山に登った。

「ようこそ福島県」との看板が下がる車道から尾根を登って県境に出る。紅葉した木々が歓迎してくれて、今回のコースは気分良く尾根歩きができる。

　そのような尾根を進んでいると、谷を挟んだ隣の尾根の上を猪が駆け上がっていく。私の存在に気付いて驚き、必死に逃げている。それは四頭の親子の猪である。先頭が母親でそれに続く三頭が子共の猪であろう。子猪は必死に先頭を走る母親に遅れまいと走る、走る。

前回出会ったキノコ採りの兄さんが、このあたりには猪がたくさんいるよ、と言っていたことを思い出した。猪に襲われて怪我をしたというニュースが時折伝えられる。大子町ではバイクに乗った女子高生が猪と衝突して怪我をしたこともある。この時遭遇したいわゆる猪突猛進している猪親子は、離れた尾根にいたので怖いという感じがしなかったが、目の前に現れたら身の危険を感じたかもしれない。

このあたり、幾つかの大岩が出現する。その一つはせり出した岩がまるで屋根のようで、雨宿りができそうだ。

ただ歩くだけでなく、今回は昼食を楽しむことにして、ドリップコーヒーを入れ、ハムとチーズとレタスを挟んだホットサンドイッチをガスコンロで作る、山上クッキングを試みた。眼前の紅葉を愛で、野鳥の歌声に聞き惚れながらの上等なランチとなった。

県境は自動車道に出会い、ここから福島県側に入り、佳老山に向かう。車道を少し下ると佳老山熊野神社登拝口になり、鳥居を潜って参道を行くとすぐに佳老山の山頂に至る。色付いた木々の間から矢祭の街並みが見下ろせる。文治五年（１１８９年）には源頼朝が義経追討の折に社参したという。次の歌はその際に老松を見て詠んだもの。

陸奥に清き日脚のととかねは闇をも照らせ高張の松

本殿裏の急坂を下ると断崖絶壁の岩場に出るが、今回の目的から外れるので次の機会に残しておくことにして戻ることにした。

戻った車道脇に、「伝説　子種塚入り口　この上（平成二十年十月）」という案内杭が、朽ちて倒れていた。どのような伝説か興味が湧き、幸い県境にその塚があるようなので車道から尾根に登り、更に歩を進めた。子種塚と彫られた石の標識がポツンと立つところは何もないところで、どこが塚なのかも判然としない。後日子種塚について矢祭町の観光案内などで調べたが、どこにもその由来は出ていなかった。

ひたすら尾根を進む。単純に馬の背になった尾根を進めば間違うこともないはずであるが、なぜか尾根の分岐地点では県境から離れていく方向に進んでしまうので油断できない。何度か右と左を間違えて、その度にスマホのアプリ「スーパー地形」で現在位置を確認して軌道修正。三角点のある観音山（５１４・５ｍ）を本日の県境歩きの終点とした。古い紙の地形図には観音山の記載があるのに、電子地形図では観音山の名前が消えているのはなぜなのか。

このあたり、植林の間伐作業が行われている。何台ものブルドーザーが道端に駐車していて、切り出された木材が堆《うずたか》く積み上げられている。この日は伐採作業が行われていなかったので、静かな林道歩きができた。

切り出された木材

延々と林道を下り、地形図にある矢倉、月ノ内、竹ノ内、外大野そして薄木の集落を眺めながら出発点に戻った。

（２０２２年11月5日）

43　明神峠

福島県側の林道から尾根をつめて観音山をめざす。歩き出してすぐに道路下の薮でガサゴソ音がする。人がいる気配はないので、たぶん猪が餌を漁っているのだろう。

尾根を登ること1時間、見覚えのある県境に着いた。安堵感を覚える。ここから観音山までは勝手知った道で、ほどなく三角点のある同山頂に至る。前回は山の名前を示す標識がなかったと思っていたが、今回あたりを探すと「観音山５１５ｍ」という登頂記念の札が木に括り付けられていた。

観音山からの県境尾根は茨城県側の未舗装の林道（広域基幹林道「滝川西線」）に沿って延びる。入り口が通行止めになっているのであろう、自動車は一台も通らない。紅葉は真っ盛りで、このあたり気分よく尾根歩きができる。

今回もコーヒーを入れて、ホットサンドを作って遅い朝食とした。曇ったり日が差したりの空模様。雨が落ちてきたのかと思ったら、枯れ葉が風に吹かれて舞い落ちる音であった。静かな山の中にいると、思いのほか大きな音で落葉するものである。

いつものように尾根分岐で進路を間違えたのが二度ほどあった。その際、植林地の中でキノコに遭遇。クリタケのようであるが、傘の裏は黒ずんでいるので違うように思った。帰宅後にきのこ図鑑で調べたら、ニガクリタケと判明。その図鑑によると、青森県での中毒例が紹介されていて、家族６人で食べたら子供４人が死亡したという、くわばら〳〵。

快適に歩けたのはここまでで、林道から離れて大きく北東に延びる県境尾根は藪の道で難儀した。どうにか明神峠に出た。体についた枯れ葉や草の種を払って本日の目標を達成した。

（２０２２年11月13日）

44 三鈷室山《さんこむろさん》

久しぶりに県境歩きに出かけた。今回は明神峠から三鈷室山まで。一日で歩き通す予定にしていたが、途中で断念。二日かけて歩いた。

明神峠を越えて車が頻繁に通る国道脇に鎮座する境神社で参拝する。柱には「境神社祈祷神璽」という宮司の印が押されたお札が貼られている。この神社は県境からは100mほど離れているが、ここから難なく県境尾根に出ることができて、林野庁が立てた赤い境界見出標が現れた。今回もこの県境標識が良いルート案内をしてくれた。

芽吹いた木々は天に向かって新緑の手を伸ばしている。春真っ盛りである。天気は上々で気分が良い。いつものことながら展望には恵まれないが、このような森の中にいる幸せ。

薮もほとんどないので快適に尾根の上を上り下りすること3時間で、福島県の道清という集落から東に延びる自動車道に出る。何もない県境ではあるが記念に写真におさめる。県境はこの道路を横切って延びているが、300mほど進むと再びこの道路に出会う。

更に尾根を進むも、早いお昼ごはんを食べたあとは疲れてきた。三鈷室山まで行くと出発点にもどるのが夕方になってしまうので、地図を見てエスケープできる地点を探した。

県境の東側には三鈷室山に至る林道が走っている。地形図を見てみると、福島県上関河内の東山に通ずる破線の道がある。ここまで頑張って歩き、林道に下って戻ることにした。

（２０２３年５月１日）

前回の三日後にも、明神峠にある整備された小さな駐車場から出発した。前回のエスケープ地点まで今回は自転車で行くことにしたのだが、1時間ほどの上り坂ではあったが自転車走行は辛かった。

自転車を林道脇にデポして歩き始める。快適に歩いて、植林の伐採地に出た。下に見える林道には車が停まっていて、話し声が聞こえてくる。前回はまったく人に会わなかったので意外であった。山菜採りの人たちかとも思ったが、すでに山菜の時期は過ぎている。よく観察してみると植林作業をしていることがわかった。

何ヶ所か笹薮に覆われたところがあるが、難儀することもなく通過した。前回はコンビニで購入したおにぎりを昼食としたのだが、今回は炊き込みご飯に卵焼き、霞ケ浦で獲れた小魚の佃煮と大根の漬物をおかずにした弁当を作ってきた。これを食べていると林道のほうから話し声が聞こえてくる。先生に引率された十人ほどの高校生の野外観察会のようである。先生が盛んに解説しているので声をかけることは憚られた。

このあたりからハイキングコースとなっていて、笹薮もないのでまったく歩きやすい。私の古い地形図には、赤鉛筆で歩行記録の線が描かれている。２００4年5月9日と書かれているので、19年前に歩いているのだがここがハイキングコースになっていることなど忘れていた。

これまでの県境尾根と違って歩きやすいので、すぐに三鈷室山の山頂に着いた。電波塔があったのだが、今では取り壊されて平地になっている。遠くを望むと、ふれあい交流施設であるプラトー里美の4機の風力発電塔が見える。どういうわけか一基は回っていなかった。

山頂から舗装道路を下り、途中で県境尾根に沿って作られた林道に折れる。ひたすら歩き、昼食休憩している植林作業の人たちに挨拶して自転車をデポしていた地点に戻った。思いのほか、短時間で周回することができた。


（２０２３年５月３日）

45　岡見

三鈷室山の山頂まで延びる車道を歩き始めた。すぐに山頂に着き、今回も展望があるところに行ってみたが曇っていて何も見えなかった。

三鈷室山から北に延びる県境はここに掲載した写真のように歩きやすい。いつものように県境尾根からの眺望は望めないが、心が解放されるような新緑と五月の清々しい風が吹いている。

ところが、ところどころ笹薮が現れて行く手を阻む。薮が薄いように見えても、実際は両手で笹をかき分けるようにしないと進めない。

伐採地に出て初めて展望が開けたので、切り株に座って休憩することにした。

今回の山旅では岡見集落まで誰にも会うことはなかった。茨城と福島の県境を横切る二つ目の自動車道路に出て今回の任務を終えて、それからは8の字を描くように車道を歩いて出発点の三鈷室山直下に戻った。

出発点に戻る途中に福島県の塙《はなわ》町を歩いた。車が通らず、点在する集落には人影がなく、

歩きやすい県境尾根

その落ち着いた佇まいは私が生まれた昭和の時代を彷彿とさせる。耕作をやめた水田にはアヤメが咲いていて、遠目にも紫色の花が鮮やかである。

（２０２３年５月28日）

伐採地からの眺め

46 栄蔵室《えいぞうむろ》

梅雨に入ったが、週末の土曜日は快晴で暑いくらいだった。高萩市下君田にある福島県との県境から出発。斜面を一気に登ると、いつもの県境尾根が現れた。前回もそうであったが、この季節は森の中は静かではない。夏が近いと思わせるカジカガエルの鳴き声が響き渡る。ウグイスが鳴いている。遠くでカッコウが鳴いている。コゲラのドラミング。はっきりとは姿を見せてくれなかったが、シジュウカラ、メジロ、モズ、ムクドリ、ヤマガラが鳴いていたのではないかな。

今回は県境を離れて、茨城県内では最高峰である栄蔵室に立ち寄った。山頂直前には北茨城山の会が作った富士山が見えるという案内板が取り付けられた展望台がある。霞んでいて残念ながら富士山は見えなかったが、奥久慈男体山を認めることができた。

山頂をあとにしたら一人の若者がぶつぶつと独り言をいいながら足早に登ってきた。今回の山旅で出会ったのはトレイルランニングをするこの人物だけであった。訊きそびれたので推測だが、花園神社から走ってきたのであろう。

同じ道を引き返して、県境尾根にもどった。ここからの県境線はこのあたりを源流とする四時川《しときがわ》が流れる谷底を通っている。ここを歩くのは川下りとなり、薮も多いので難儀することと必定である。幸い茨城県側には川沿いに林道があるのでここを進むことにした。

夏日のような中での林道歩きに疲れてきた頃、本日の目的地である林道分岐地点に到着した。この先の県境は更に四時川に沿って延びるが、それは次回に歩くことにしよう。

ここから南東に延びる林道を歩いて出発点に戻るつもりであったが、長年の大雨で荒れていてまるで林道が消失したような状態になっていてまともに歩けない。しかたがないので不本意ではあるが同じ道を戻ることにした。

（２０２３年６月17日）

47 四時川を渉る

この県境尾根歩きが飽きずに続いている理由を考えてみた。ほとんど展望がなく、ひたすら尾根の上を歩くだけなのに、なぜ楽しいのか。人に会うことはほとんどないので、静かな世界である。四季折々に木々の色彩が変化する。様々な花に出会える。野鳥の鳴き声。尾根分岐地点でのルートファインディング。里山に抱かれた集落の佇まい。未知の土地を歩くことの新鮮さ。地形図を見て想像していた景色と実際に歩いた時の印象とのギャップとその小さな驚き。予定していた行程を終えた満足感。次回の周回ルートを考えること。これらの事柄が総合された山旅なので楽しく感ずるのであろう。それから結構な運動量になるので、健康維持に一役買っていると思っている。

今日は前回到達した林道分岐地点から北東に2km離れた亀谷地《かめやじ》湿原から出発する。水芭蕉は終わっていて、湿原は草が繁茂している。ここには野口雨情の歌碑もあるが、判読できないのが残念。湿原から少々進むと右手に延びる林道が現れるので、ここから梅雨特有のしっとりとした空気の中を歩いていく。

前回の終点に着くも、別の方角から歩いてきたので印象が違うが、ここが間違いなく県境である。四時川に沿って林道を進む。地形図ではこの林道は途中で終わっているが、林道は続いていた。今回は前半が林道歩きなので苦労がない。民家が見えるところに出る。林道は更に続いていて、舗装道路に繋がっているが、ここを進むと県境から離れてしまうので、西側の尾根に向かって斜面を登る。

尾根を乗り越えると四時川になる。ここには渡れるような橋はないので、浅瀬を探して少し上流に向かって川岸を歩き、ここで四時川を渡渉する。膝下まで水に浸かるので登山靴の中に水が入ってしまう。長いこと県境を歩いているが、本格的に渡渉するのは初めてである。

県境は小尾根を越えているので、棘薮の斜面ではあるがここを登ることにする。水の流れていない小さな沢に沿って進む。しかし伐採地特有の棘のある小灌木が生えていて、手足に棘が刺さり痛い。とても棘と格闘する気になれないので、途中で沢を離れて斜面を登ることにした。ここにも棘の木があって必死に斜面をよじ登る。暑さ対策で長袖シャツではなく半袖シャツに腕カバーという格好で来たのだが、その腕カバーに点々と血がにじんでいるではないか。

やっと尾根に出て一息。眼下に民家が見える。これまで歩いてきた林道が民家の前の道

眼下の谷筋を無理やり登った

に繋がっている。切り株に腰を下ろして棘薮と格闘した谷筋を見下ろす。今回は林道歩きなので苦労がないというのは間違いであることに気付く。

尾根を下ると四時川の支流に出会う。ここは小さな川なので簡単に渡渉できる。この川縁で昼食をとる。ついでに靴をぬいで川の水で泥を洗い流す。リズミカルな川の流れる音、これもリズミカルな野鳥の鳴き声に薮漕ぎの疲れが癒やされる。

気力も回復したので、今回の目的地点の北茨城市関本町小川を目指して県境歩きを再開する。ここからはいつもの慣れ親しんでいる景色の県境尾根を歩く。先ほどの薮漕ぎを考えると、この尾根歩きがなんと楽であることか。ところどころ県境を離れたりするが、ほぼ忠実に県境を進む。

尾根の下のほうで自動車が走る音がするので、ゴールは間近い。これまでの経験から、県境を越える自動車道路は尾根を切り通して作られているので、その道路に下るのに苦労する事が多い。今回も、もう少しというところで笹薮が立ちふさがり、その先には薮の中を流れる小川である。その小川を越えると草が生い茂った休耕田が通せんぼ。背丈ほどの草薮をかき分け、路肩をよじ登ると福島県の橋場に通ずる県境。ここからはほとんど車が走っていない道路を、小川集落を通り、亀谷地湿原に向けてのんびりと歩く。途中で和尚《おしょう》山《やま》に立ち寄った。

（２０２３年６月25日）

48 定波《さだなみ》

猛暑も峠を過ぎて、めっきり秋めいてきたので今年6月以来の県境歩きに出かけた。この日は茨城県の最北端に行って、そこから県境を離れて福島県の朝日山に登り、再び県境に戻ってから定波のブナ林を逍遥する予定であったのだが。

北茨城市関本町小川と福島県塙町を結ぶ県道27号線にある県境が本日の出発地点。県境線は谷筋を通っているが藪が深そうなので一旦西側にある尾根を伝って進むことにした。これまでの県境尾根は県境を示す標識もあって歩きやすいことが多いのだが、このあたりの尾根は歩く人もいないのか低灌木が生い茂っていて行く手を阻むのである。それでも大きく迂回して県境に出ることができたので、ここで最初の休憩をすることにした。

県境尾根は頻繁に分岐しているので、進行方向を確認しながら進む必要がある。今回も眺望は望めないが、太陽光発電施設と養鶏場があるところは視界が開けていた。それにしても藪が深い。大笹をかき分け、棘のある低灌木に悩まされ、細い蔓に足を取られて大いに難儀する。

突然目の前に草原が出現した。湿原のようにも見える。しかしよくよく見ると、それは背丈の低い草が生い茂った休耕田であった。これだけの水田があれば米の収穫も馬鹿にできないであろう。このような稲作をしなくなった田圃にはこれまで何度も遭遇している。

　休耕田の広地を過ぎると県境は尾根になる。ここも藪が酷くて気力が失せていくのを自覚する。予定していた朝日山と定波のブナ林は次回とすることとして、定波の西側を通る自動車道に出たところで本日の県境探訪は終えることにした。まったく自動車が通らない道を下っていくと途中に牛舎があり、黒い牛がじっとこちらを見ている。その大きな瞳が訴えているものは何なのか、いくら考えても牛くんの心は理解できなかった。

　終点が近い道を歩いていて思った。毎日を何事も成さずにぼんやり過ごしていたら、いつのまにか道端にはススキが生える季節になってしまった。正岡子規の「朝顔のしぼまぬ秋となりにけり」の心境に似たり。さて、次回には茨城県の最北端の地を踏むことになる。


（２０２３年10月7日）

49　朝日山と定波のブナ林

前回は藪に閉口して途中で止めてしまったので、早々に再挑戦することにした。まず福島県の朝日山に登ってから茨城県境に戻り、四時川沿いに延びる自動車道を行くことにして、前回断念した四時川までの短い距離の県境は最後に歩くという、変則的な県境歩きとする。

秋晴れの気分の良い日が続き、この日はまたとないハイキング日和である。国道289号線の朝日山登山口から出発した。登山道はよく整備されていて、快適に登っていける。これまで県境の道なきルートを歩いてきたことを考えると、別世界の印象である。山頂直前の道はなんだか遠い昔に歩いたことがあるような懐かしい感じがした。

朝日山の山頂は眺望に優れる。富士山も望めると登山口の案内板に書いてあったが、さすがに富士のお山は認識できなかった。その代わり太平洋が朝日に照らされて黄金色に光っていた。

朝日山を下って国道に戻り、いざ県境に向かう。地形図にある沢沿いの破線の道を進むことにしたのだが、その道が消失しているので斜面を登って尾根筋に進むことにした。杉の伐採のために造られた道に出会うと、そのぬかるんだ道には猪の足跡が幾つも残っていた。

沢から尾根に登って迂回して、不明瞭な尾根筋を迷いながらも茨城県最北端の地点に至る。ここは水呑場（地名）を水源とする四時川が小川となって流れていて、水の流れと水音と、そして小鳥たちの合唱に心が休まる。茨城県最北端の地というような標識はここにはない。あくまでもひっそりと在り、人間が決めた境界や北端などは無頓着に存在している。これからもいつまでも同じように水が流れて、鳥が鳴いていることだろう。

最北端の地から沢沿いに下ると、右岸に破れたビニールハウスがあり、民家が近いことがわかる。ここにある畑地に通ずる小道を進むと三軒ほどの民家が現れた。作業小屋の中から数人のご婦人の話し声が聞こえてくる。目が合ったので会釈して小屋の前を通り過ぎた。ここからは四時川に沿って延びる県境の自動車道を歩いていく。

四時川は茨城県（栄蔵室）と福島県（水呑場）の二つの地点を水源として流れ、どちらも四時川と名付けられている。この同じ名前の二つの川が合流する地点まで歩いて、ここを本日の県境歩きの終点とする。この地点から少し戻って、水量の少ない水呑場を起点とする四時川を渡渉する。

茨城県の最北端の地

斜面を登り、尾根に出て定波を目指して進む。ここからの目的は定波のブナ林である。このあたりは広葉樹林帯が広がり、植林された杉林が少ないのがわかる。尾根に沿って歩いていくと、次第にブナの木が多くなっていく。

林野庁はこのあたりを「小川ブナ希少個体群保護林」に指定している。その立て看板には、「ブナ、ミズナラ、コナラを主体とした代表的な温帯性原生林で、中間温帯域に位置する八溝多賀地域では貴重であり、遺伝資源の確保や茨城県内では自生地の非常に少ないシラカンバが群生する学術上貴重な保護林です」と記載されている。これまでの県境尾根に見られた片側が薄暗い杉の植林地で、その反対側には明るい広葉樹林が広がるというような明暗の林相ではない。ここでは原生林として保護されているので明るい森として存在している。そこにブナの木が生えているのである。

定波の尾根歩きも終わり、茨城県最北端の地点に繋がる県境に近づいた。ここの県境は短い区間ではあるが尾根ではなく谷となるので、南側の尾根を進むことにした。尾根を下ると見覚えのあるビニールハウスが現れた。本日二度目の小道を歩き、同じ民家を過ぎて、四時川に沿って延びる自動車道を今度は水呑場に向かって逆に進んで、国道２８９号線に至った。本日は不格好な８の字を描くように歩いたことになる。

（2023年10月19日）

50　四時川に沿って歩く

定波の集落から歩き始める。四時川林道は一部荒れているところはあるものの自動車で通行できるので、前回の県境歩き終了地点まで車で進むべきであったと今では反省しているのだが、その理由はこのレポートの最後に述べることにしよう。

この日は冷たい風が吹き荒れて、指先が冷たくてズボンのポケットに手を入れたくなるような日であった。薄いジャケットを着ていたのだが、あまりにも寒いので途中でセーターと雨具の上衣を取り出して着替えたほどだった。それでも四時川林道の紅葉は今が盛りと美しいので寒さはそれほど気にならない。路上にはいたるところで枯れ葉が吹き溜っている。

前回は県境が四時川から離れる地点まで歩いた。今回はここが再スタート地点であるが、県境は和尚山あたりから流れ来る支流が四時川と合流するところから尾根に上がっていく。この尾根は、昨日の雨によって水かさの増した四時川とその支流に挟まれるように突き出た急崖であるため、直接取り付くことは困難である。そこで歩いてきた道を少し戻って四時川本流の川幅の広い、比較的流れが穏やかで水深の浅い場所を見つけたので渡渉して右岸に渡ることにした。このあとの歩きを考えると登山靴を濡らしたくないので、二足履いていた靴下を一足脱いで、靴下のまま川を渉った。

四時川と支流が合流するところに着くが、この支流も滝のように激しく水が流れているのでとても渡渉できない。そこで支流に沿って迂回することにした。幸いなことに、この支流の左岸は道のような踏み跡が上流に向かって続いている。ちょっとした渓谷遊歩道のようだ。しばらく渓谷散歩を楽しむと、その支流が二手に分かれる。ここで右の支流を少し進んで本日二度目の渡渉をすることにした。靴下の替えはないので、今度は裸足になっての渡渉となった。沢の水は刺すように冷たい。

左側の支流は張り出した尾根を巻くように流れている。川幅は狭いので三度目の渡渉は靴を履いたまま渡ることができた。そして県境に向かってこの尾根に取り付いた。尾根を進むのはなんと楽なのか、と思ったのはここまでの沢沿いの歩きと渡渉に疲れていたからであろうか。この尾根を登りきって県境に出会うことができた。

県境尾根を進み、途中で弁当を広げた。友人から入手した天日干しの新米と、定期購読しているＮＨＫ「きょうの料理」で紹介された生姜焼きがおかずの弁当である。格別の美味しさであると自画自賛。この県境歩きが続いた理由の一つは、山の中で食べる弁当にあるのかもしれない。

最初の渡渉地点

最後に野ばらの棘に悩まされながらも弥太郎坂から北西に８００m離れた林道に着き、予定していた尾根歩きは貫徹することができた。あとは林道を歩いて、出発地点の定波まで戻るだけなのだがこの林道歩きが長かった。しかも今回に限って担いだ、冬山登山にも使用したことがある大きなリュックは、出番がなかったものをたくさん詰め込んできたので重かった。その格好で20kmも歩いたのが原因であろう、林道を歩き始める頃に、足の攣りと筋肉痛を感じるようになっていた。徐々にペースダウン。

秋の日は釣瓶《つるべ》落とし、どうにか出発地点に繋がる四時川林道に出たときには日は傾き、すぐに日没となった。この林道には街灯などない。懐中電灯を取り出し、情けないほどにゆるり〳〵と歩む。あれほど奇麗だった紅葉も闇に隠れ、空には星が瞬く。永遠に歩き続けなければならない刑罰とはこんなものかと思ったりする。それでも午後7時過ぎに定波に到着。定波集落の明かりが見えると安堵するのではないかと期待していたが、あたりは漆黒の闇であった。

（２０２３年11月11日）

51　大丸山から旗立峠《はたたちとうげ》

県境はどのようにして定められたのか。長年に亘って茨城（常陸）の県境を歩いてきて、もうすぐ一周できるとなった今頃になって調べてみた。

常陸国《ひたちのくに》は令制国《りょうせいこく》の一つで、現在の茨城県の南西部を除いた地域のことである。では令制国とは何か。日本の律令制に基づいて設置された日本の地方行政区分である。日本の古代には、令制国が成立する前に、土着した豪族が世襲して務める国造《くにのみやつこ》が治める国と、県主《あがたぬし》が治める県《あがた》が並立した段階があった。それに対して、令制国は中央から派遣された国司が治める国である。

この令制国は飛鳥時代から明治初期までの日本の地理的区分の基本単位だった。茨城の県境は明治の廃藩置県によって初めて決定された境界ではなく、長い歴史的な背景が隠れている。このような古くから存在していた境界線の上を歩いてきたことを思うと、無意味な県境歩きではないことに安堵するのであった。県境は茨城のそれなら「けんきょう」またはは「けんざかい」と呼ぶが、常陸の県境なら「あがたさかい」と言うほうがしっくりくる。

花園川に沿って北に延びる自動車道が南西に大きく曲がる、ちょうど花園渓谷が尽きるあたりが前回の県境歩きで到達したところで、今回の出発地点になる。早速県境尾根に取り付いた。ところどころ熊笹が県境を隠しているが、笹の背丈が低いので悪戦苦闘することもなく歩ける。これまで県境標識がなくなっていたのだが、このあたりになって再び設置されているので良い道標となる。相変わらず県境尾根は眺望に恵まれないが、ところどころ木々の間から福島の山並みが見える。木々の紅葉はすでに終わり、枯れ葉が地面に広がっていて、その上を私の登山靴が踏んでいく。

県境から少し離れて福島県に位置する大丸山に立ち寄った。まず中丸山の山頂に出て、更に進むと小丸山への標識が現れたが、この小丸山には行かなかった。三角点のある大丸山（702m）の山頂は木々に囲まれていて眺望はない。

大丸山からは県境の北側を通る林道に下りて、しばらくこの道を進んで傾斜の緩やかな斜面を選んで登って県境尾根に出た。忠実に尾根に沿って歩いていくが、あまり欲張って先に進んでしまうと前回のように日が暮れてしまうことを恐れて、当初の予定の平袖まで歩くことを断念した。606mピーク手前の、南に延びる支尾根を下った。このあたりは杉の伐採のために造られた道がある。古い伐採道なので薮が生い茂っているところもあるが、難なく旗立峠に着いた。

旗立峠の名は、佐竹公が山頂に旗を立てたからとか、棚倉藩と水戸藩とが一戦を交えた時に旗を立てたから、などの由来がある。更に進むと馬力神《ばりきしん》が現れた。石碑が横一列に並んでいる。昔の人はここを馬で通ったのであろう。石碑の台座にはお供えの人参が置かれている。地元の奇特な人が馬の供養のために、畑で獲れた人参を置いたのであろう。馬力神に人参が供えられているのを見るのは初めてだが、馬と人参の組み合わせに妙に納得するものがあった。

道路脇に古い看板があり、福寿の湧水と表示されている。沢に向かって小道があるので行ってみると、そこが福寿の湧水地であった。両手で受けて飲んでみると柔らかい水と感じられた。水筒に入っていた水道水を捨てて、代わりに湧水を満たす。帰宅してからこの湧水で紅茶を淹れて飲んだら、いつもよりも紅茶の味がすっきりしているように思えた。

塙大津港線（県道27号線）に出た。この舗装道路は台風の影響による集中豪雨で崖崩れが発生したため、現在通行止めになっている。関本町才丸から地形図の実線の道を通って本日の出発地点に戻る予定であった。しかしこの道は途中でなくなっていた。あるいは私が途中のルートを間違えたのか、行く手が消えていた。それでも悪戦苦闘しながらどうにか広い道路に出た。

この道路の途中には弥太郎坂という由緒のありそうなところがある。古くは茨城の平潟と福島の棚倉を結ぶ塩の道として往来されていたそうだ。また、現在の舗装道路ができる前にはボンネットバスが走っていたという。今は林道として使われているが、一般車は通行できない。

今回はどうにか明るいうちに歩き終えることができた。

（２０２３年12月10日）

52　揚枝方《ようじがた》

北茨城市関本町富士ヶ丘の平袖という、数軒の民家が点在する地点から旗立峠に向かって林道を歩き始めた。この道は旧棚倉藩が平潟港で陸揚げした物資を国元に運んだ街道とのこと。

歩き始めるとすぐに舗装されていない道路になり、そこに鳥居が出現した。「一王子神社」の額が下がっている。地図では一の字がない「王子神社」と記されている。あとで調べてみたら、「御祭神は伊邪那岐命《いざなぎのみこと》、伊邪那美命《いざなみのみこと》、天照大御神《あまてらすおおみかみ》、速玉之男命《はやたまのおのみこと》、事解之男《ことさかのおの》命《みこと》の五柱で、総称して『王子大神』と呼ぶ。紀州熊野三社権現（本宮・那智・新宮）の御子神の呼称で、世界遺産にも登録された熊野古道には多くの王子神が祀られていた」とある。参拝のため階段を登ったが、社殿は閂《かんぬき》で固く戸が閉められていた。

旗立峠の直前で林道を離れて、杉を切り出すために造られた荒れた山道に入る。造作なく県境尾根に到着。ここからの道中、まったくもって薮の山を行くことになる。細い藤蔓や棘がある野茨などが我が物顔に跳梁跋扈《ちょうりょうばっこ》して私を意地悪に通せんぼしてくる。それでも春がやってきて、新緑はさあどうだと言わんばかりに自己主張している。

あまりの藪に閉口して、県境に沿うように通る林道があるのでここを歩くことにした。桜の季節はとうに終わっていたはずだが、林道は山桜の花びらの絨毯《じゅうたん》。この林道もすぐに県境から離れていくので、再び県境尾根に戻ることにした。

今回はできるだけ長く歩いて、次回でこの県境歩きを終了するつもりだったのだが、藪漕ぎに疲れて県境尾根を離れて揚枝方集落に下ることにした。地形図ではなだらかに見える斜面だが、ここも藪地獄であった。

それでも民家の裏を通る小道にでると、そこから舗装道路はすぐに現れてくれた。この道は早朝に車で通ったところ。出発点の平袖集落に向かって歩いていると、道端に山神様が現れた。雨風に晒されて風化が進み、神様の面影はなくなっているが、じっと見ているとかつての神々しい表情が想像されるのであった。

さて、県境歩きの終点である平潟まで、残すところ二回となった。次回はどこから県境尾根に取り付くことにするか。

（２０２４年４月28日）

53　古我湯《こがゆ》から石倉

無名の山をこよなく愛した川崎精雄は、その著書で「登山の目的が、古くは修験道であり、近くは心身鍛錬であるならば、夏は蒸されるような、汗で目がくらみ、頭の芯がぼやけるような、猛烈な藪山へ登ることこそ、正統登山道である」と書いている。また、「山高きが故に尊からず、木あるを以て尊しとすると言った古人は、さすがに藪漕ぎの魅力を知っていた」とも言っている。

今回の県境歩きは古我湯から石倉まで歩いたが、ここも尾根筋は藪に覆われたところが多くて苦労した。藪の県境尾根を苦労して進むことに、はたして何の意味があるかと思っていたが、右の文章を読んで納得した。藪山には藪山ならではの魅力を感じなければならない。そして心身鍛錬と思わなくてはいけないのである。

福島県側から入り、瀬戸町というところにある真弓神社から県境をめざした。古我湯にある採石場からトラックが盛んに出てくる。林道長沢線に進み、くねくねと曲がる道を行く。その途中で県境尾根をめがけて緩やかな斜面を選んで登る。県境尾根に出て、しばらく進んだところで休憩。そこには大きな倒木が横たわり、大往生の感あり。

朽ちて横たわる大木

送電線の鉄塔があり、その巡視路は歩きやすいが、そのあとはまた薮の尾根になる。二つ目の鉄塔を過ぎて、古我湯に通じる峠に出る。ひたすら薮を漕ぐことにも憂いたので、ここから地形図にある破線の道に進んで、県境から離れることにした。

田植えの季節になり、小木板谷《こきたがや》の水田ではトラクターが走る。春の田園地帯をのんびり歩いて、常磐自動車道の下を潜り抜けて、再び県境に取り付く。これが今回最後の尾根歩きになった。

ゴルフ場の五浦庭園カントリークラブを曲がりこむように進み、再び自動車道を潜った。七反田の小学校では先生と生徒がバケツを持ち、長い柄のついたブラシを使ってプールの清掃をしていた。一人の女先生が私を見て「こんにちは」と声をかけてくれた。もうプールの季節になったのである。

交通安全を願う瀬戸聖観世音大菩薩を過ぎて出発地点に戻った。

（2024年5月10日）

54　平潟港に到達

常陸の県境歩きも本日が最終回となった。達成したら一人で祝杯をあげるつもりで、今回は電車で移動することにした。

早朝の電車は乗客が少なく、大津港駅では数人が下車しただけである。駅前のコンビニで食料を調達してから歩き始めた。

関本町を流れる里根川に沿って自動車道を行く。車は時折通るが歩いている人はいない。小学校を過ぎて右折して前回の県境到達地点に向かう。その県境は新興団地を囲むようにあるので、そこから県境に出るつもりだったが藪に覆われた急崖を下らなければならないので断念。しかたなく来た道を戻り、小学校を過ぎてから地形図にある実線の道に入り込む。

このあたりの県境線は小さな川が作る谷を幾つも囲むように引かれていて、前々からどうしてこのように複雑な県境になっているのか不思議に思っていた。この入り組んだ県境を忠実に歩くつもりでいたが、入り込んだ細道は途中で藪に覆われていて容易に進めない。また戻るのも癪なので、県境から少し離れた尾根に取り付いた。ここの尾根も藪の中にあったが、どうにか泉沢霊園という墓地に出ることができた。この先も二ヶ所鬼の角のような形状の県境が現れるが、ここも薮に覆われていて入り込む意欲を失わせた。

霊園から車道を北に進むと千五百年前に設置されたといわれる勿来関に至る。ここには子供の頃来たことがあるはずだが、まったく記憶にない。関跡は整備されて公園になっていて、昔日の様子とは随分変わってしまったのであろうか。

平安時代も終わりに近い後三年の役のとき、源義家が奥州に下向する途中この関にさしかかった。折しも盛りの山桜が春の山風に舞いながら路上に散りしいていたという。義家は桜の花びらが舞うのを見て、余りの美しさに駒をとめて詠じた。

吹く風を　なこその関と　おもへとも　道もせに散る　やま桜かな

ここ勿来関には、この千載和歌集に載せられた源義家の和歌のほかに、斎藤茂吉、和泉式部、小野小町、芭蕉らが詠んだ和歌俳句の歌碑がたくさん建っている。

関跡の展望所で休んでいたら、夫婦連れがやって来た。古希を迎えたという主人は話好きで、勿来関の由来を盛んに説明してくれる。この下にはホテルがあったが、今では空き地になっている。ここが本来の勿来関の跡ではないかと言う。また武士が歩いたという古道があるのでそこを歩けと勧める。そこまで案内してあげると言うので、夫人を待たせておいてホテル跡まで連れていってくれた。そこは、いかにもホテルが建っていたような展望の良い草むした空き地であった。このあたりから舗装された自動車道の右側下にはよく見ると明瞭な踏み跡があり、ここが侍が往来した古道であるという。ここまで案内してくれた主人に礼を言って古道に進んだ。まさにこの道は県境に沿っているのであった。

古道は倒木があったりするが、薮もなく歩きやすい。道がなかったいにしえの人たちは、このような尾根に沿ったところを歩いたのであろう。これまで歩いてきた県境は昔の人たちが交通路として歩いていたに違いないと確信した。

県境古道は鉄道常磐線トンネルの上を越える。ここで二本の線路の先の勿来海岸と火力発電所を見下ろす。常陸の海岸線を歩き始めて最初に勿来海岸に出会ったのが２００５年2月であるから、茨城県を一周するのに約19年かかったことになる。その間様々な事があった。

東日本大震災はその一つである。常陸の海岸を歩いたのは震災前であり、大津波が来る

武士が歩いたという古道

常磐線の鉄路と勿来海岸を見下ろす

ことなど想像もしていなかった。当時は、長く続く砂浜が少なくなったと嘆いたものだが、震災後はそれ以上に海岸は様変わりしている。津波対策で護岸工事が進み、私が歩いた頃の面影が消えたところもある。

野口雨情の生家の近くにある二ツ島は、上部に樹木が繁茂して独特の風情があった。ところが最近になって常磐線の電車の中からこの島を見た時には、我が目を疑った。震災の津波によってその木々が根こそぎ剝ぎ取られてしまった。丸坊主の島になっていた。哀れな姿になってしまったなと嘆いたが、長い時が過ぎれば樹木が生え、成長して元のようになる、そのような力が自然にはあると思うことにした。

大震災以外にも19年の間には個人的にもいろいろな事が起きた。あれほど元気だった、うるさいくらいだった妻が他界した。介護の甲斐なく父母が相次いで天に召された。子供の頃からお世話になった叔父や叔母、そして義父母や義姉も逝ってしまった。青臭い議論をした友人もこの世にいない。これらの人たちにもう会えないのは寂しい。

時が過ぎていくうちに私という人間をよく知っていてくれていた人々が次第にいなくなっていくのは悲しい。年齢を重ねると、徐々に玉手箱を開けた浦島太郎状態になっていく。しかしこれは生まれしものの宿命であり、嘆いていても仕方ない、前向きに〳〵。

しばらく二本の線路とその先の勿来海岸の景色を眺めていたら、昔日のもろもろの映像が脳裏に去来するのであった。

古道は鉄道トンネルを過ぎると切り通しになる。この先の県境は住宅街を見下ろす高台を通るが、ここは藪に覆われているので敬遠して住宅街を進み、熊野大権現の社がある県境尾根に再び取り付く。北茨城図根三角点という標識があるこの尾根が『常陸を歩く』の最後の藪漕ぎになった。

国道6号線のトンネルの上を越えると墓地に出て、寺院の脇の道を下ると平潟町の商店街である。平潟漁港の市場では大きなヒラメの競りが行われていた。

こうして常陸の県境《あがたさかい》歩きは終わった。県境の長さは約430km、平潟から銚子までの海岸線の長さが約190kmなので、茨城県の周長はおおよそ620kmになる。これを踏破したのである。

常陸の海岸歩きが終わった時には、「茨城の海岸歩きは、こうして終わってしまった。始めあれば終わりあり、との世の定め。そうは思いながらも、終われば一抹の寂しさを感ずる」と書いた。この日も同じ感情が湧いて、終着点の漁港をしばし眺めた。

（2024年5月19日）

54　平潟港に到達

ゴールの平潟港に到達

おわりに

奈良時代初期に編纂された『常陸風土記』によると、日本武尊《やまとたけるのみこと》が新治県で新しい井戸を掘らせたところ、とても清い泉が湧き出て、その水を愛でて手を洗うと、衣の袖が濡れたので、袖を漬す義から衣袖漬《ころもでひたち》の国と言ったのが、常陸の名の由来の一つである。また、「古の人、常世の国といへるは、けだし疑うらくは此の地ならむか」と述べていて、豊かな水陸の幸がある常陸の国を理想郷ととらえていたという。

たしかに気候は温暖で豊かな海と湖、山は高からず、活火山もない。以前にも書いたことだが、常陸の国は日本アルプスのような高い山がないので境界線をすべて歩き通すことができたのである。

歩き継いで海岸を南下するときにお世話になったのが鉄道だ。後半は車を使うことが多くなったが、出発点（駐車場）に戻る時も鉄道を利用した。私は鉄道マニアではないが、廃止されることが決まった日立電鉄に乗ったり、無人駅で電車の到着を待ったりしながら鉄道も楽しむことができた。終着点が鉄道駅であると、歩き疲れても駅舎が見えてくるとほっとするものがあった。

各コースのランク付けをしようかと思ったが、それぞれのコースにはそれなりの特徴があり、地元と密着した関係を保ち、海や川そして山にはそれぞれの表情があるので、順位を付けることなどすべきでないと思った。茨城県の周長６２０ｋｍを歩む一歩ごとに思い出が増えていった。

さて、ただ歩くだけなのに、どうして『常陸を歩く』ことが面白かったのか。地形図を眺めてまだ見ぬ土地を想い、鉄道に乗り、海岸を歩き、川岸を行き、そこの歴史に触れ、里山の尾根を歩き、農村に生活する人々がいて、ときには進路を間違えて、藪に閉口し、暑さ寒さに耐え、コーヒーを飲みながら野鳥の声を聴き、手作り弁当を食べ、新緑や紅葉の木々に慰められて歩いたからか。

The answer, my friend, is found in the green and gentle wind.

（友よ、その答えは緑のそよ風の中にある）

謝辞

パソコン通信で知り合ったシモン夫妻をはじめ多くの山仲間へ、これまでの幾多のご厚意に感謝申し上げます。

いつでも私の山歩きを支援してくれていた、画家で園芸家であった妻の治代に本書を捧げます。

２０２４年10月

篠原暮篤

〈著者紹介〉
篠原暮篤（しのはら ぼとく）
1952年茨城県水戸市生まれ。東北大学を卒業後、日本原子力研究所の研究員となり、放射化学の研究と教育に従事、定年退職。研究論文『核不拡散のための極微量核種分析』など多数。

常陸《ひたち》を歩《ある》く

2025年3月13日　第1刷発行

著　者　　篠原暮篤
発行人　　久保田貴幸

発行元　　株式会社 幻冬舎メディアコンサルティング
〒151-0051　東京都渋谷区千駄ヶ谷4-9-7
電話　03-5411-6440（編集）

発売元　　株式会社 幻冬舎
〒151-0051　東京都渋谷区千駄ヶ谷4-9-7
電話　03-5411-6222（営業）

印刷・製本　中央精版印刷株式会社
装　丁　　村上次郎

検印廃止

ISBN 978-4-344-69228-2 C0095
幻冬舎メディアコンサルティングＨＰ
https://www.gentosha-mc.com/